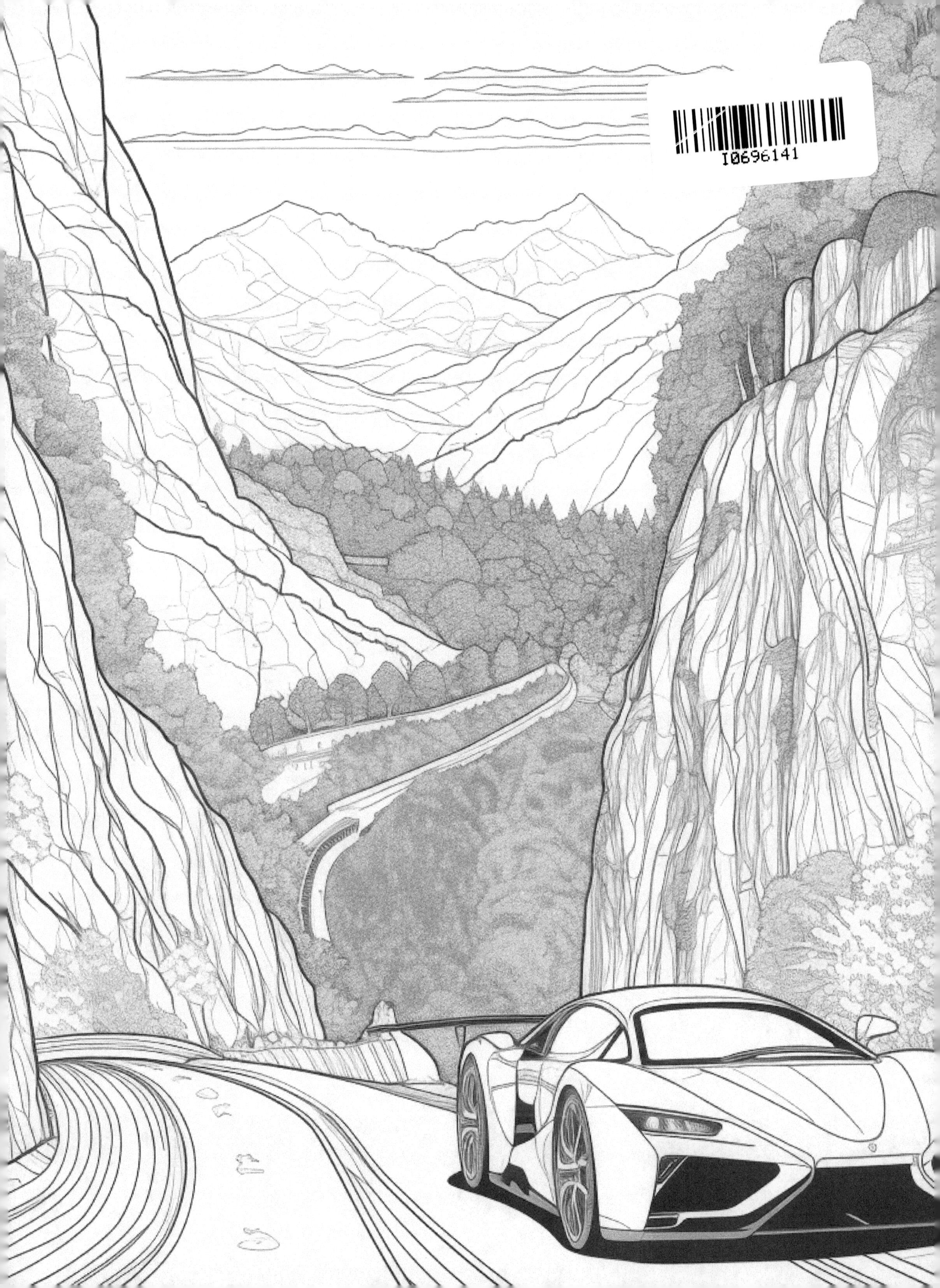

I0696141

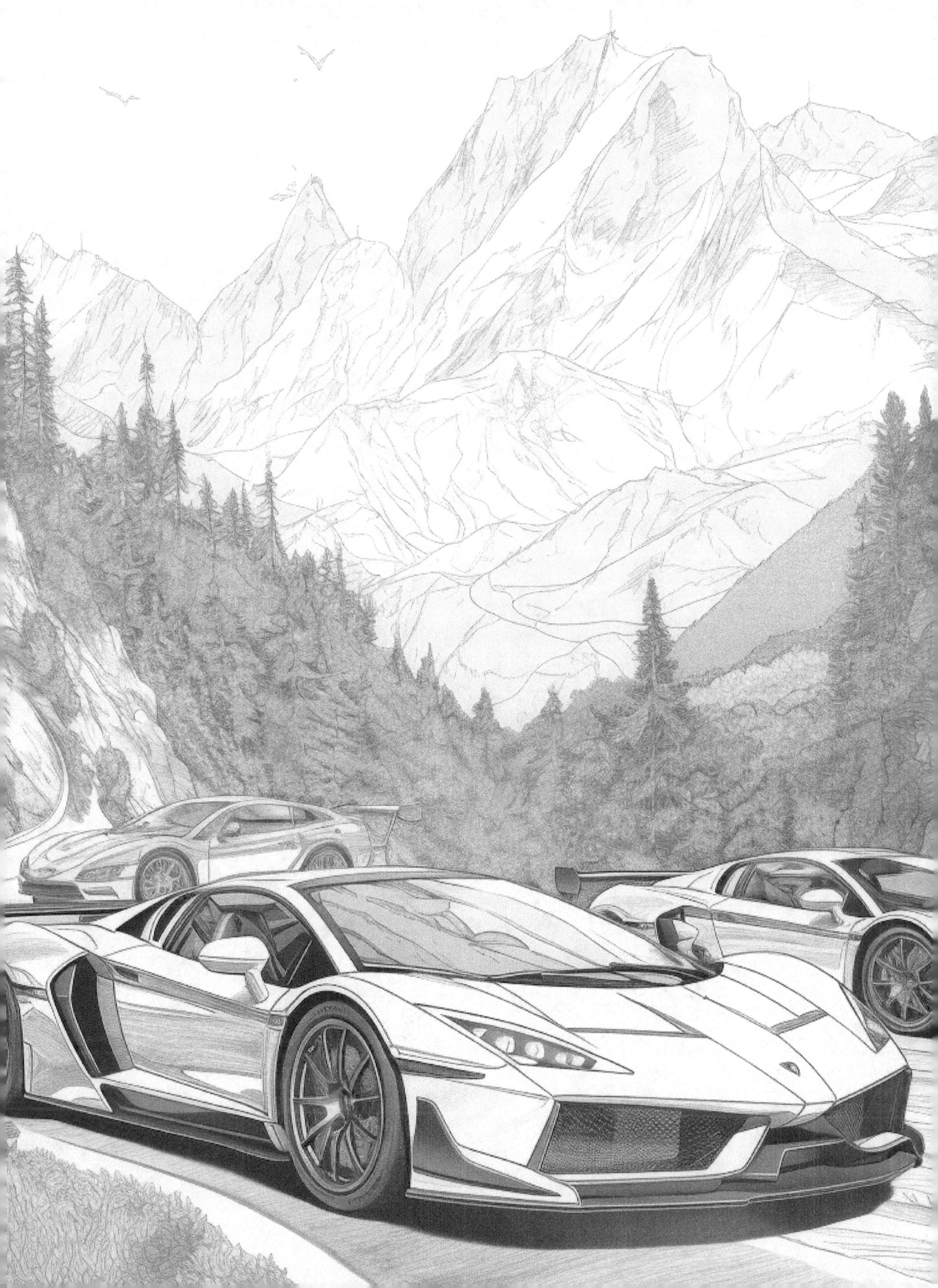

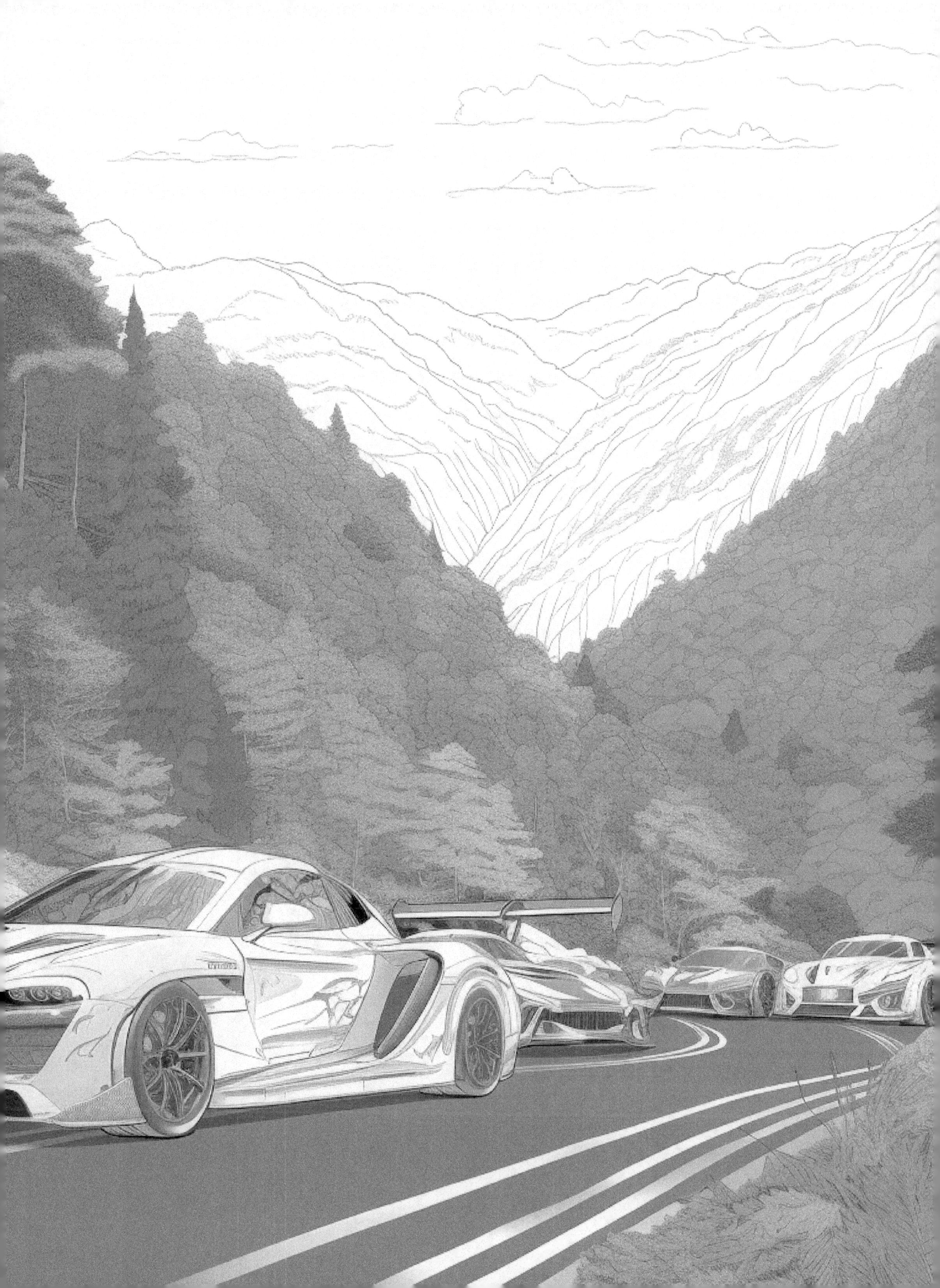

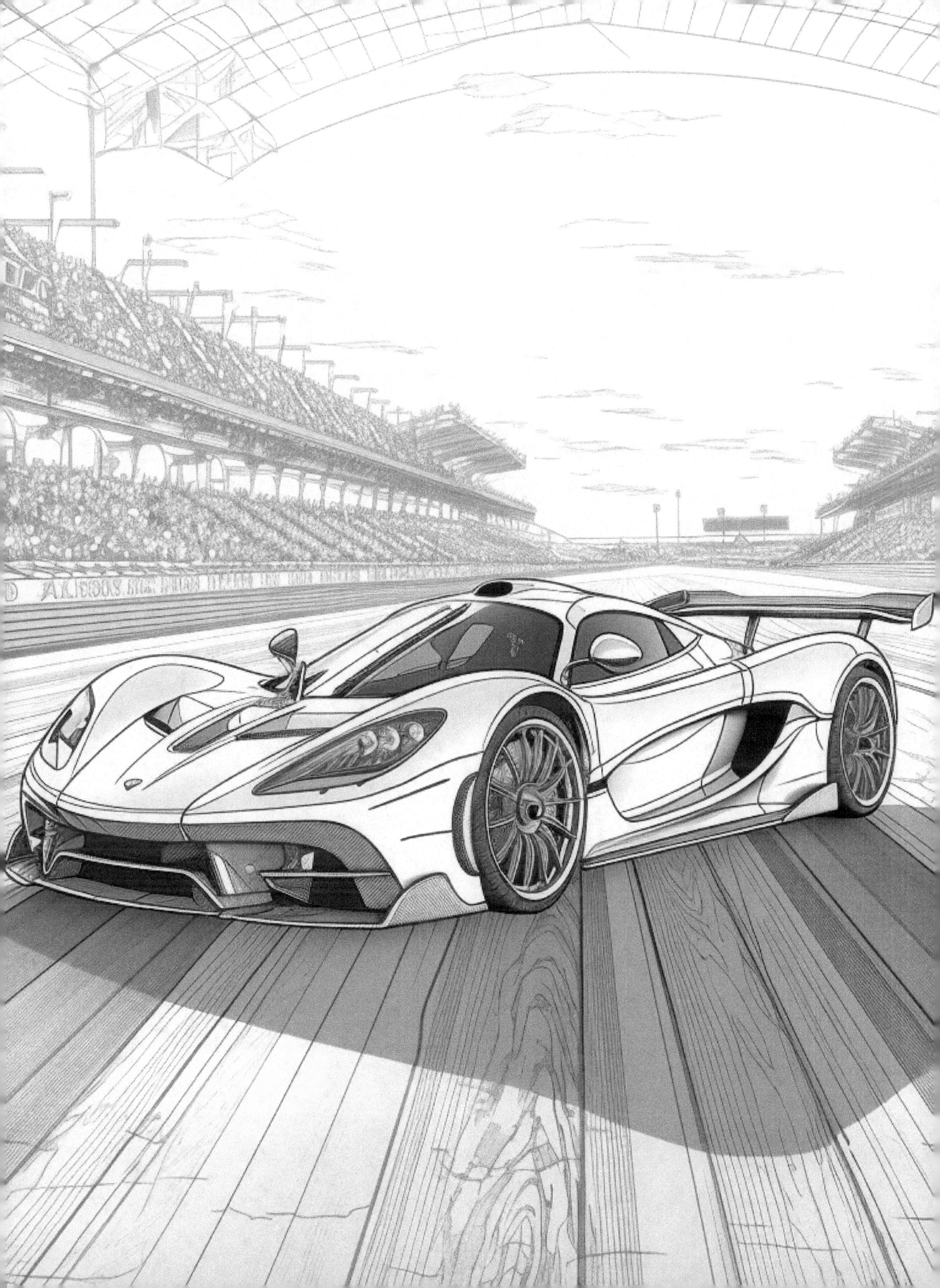

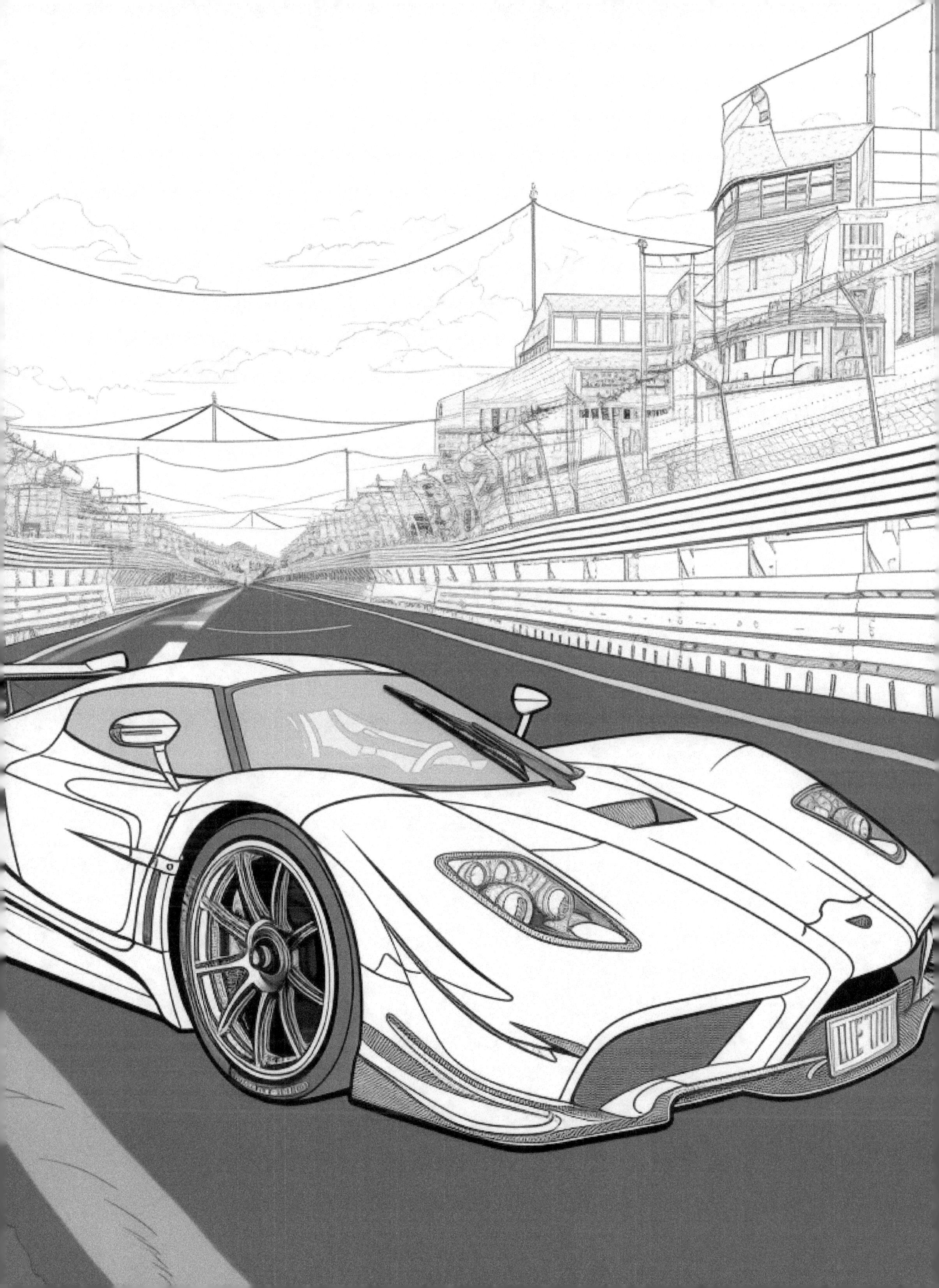

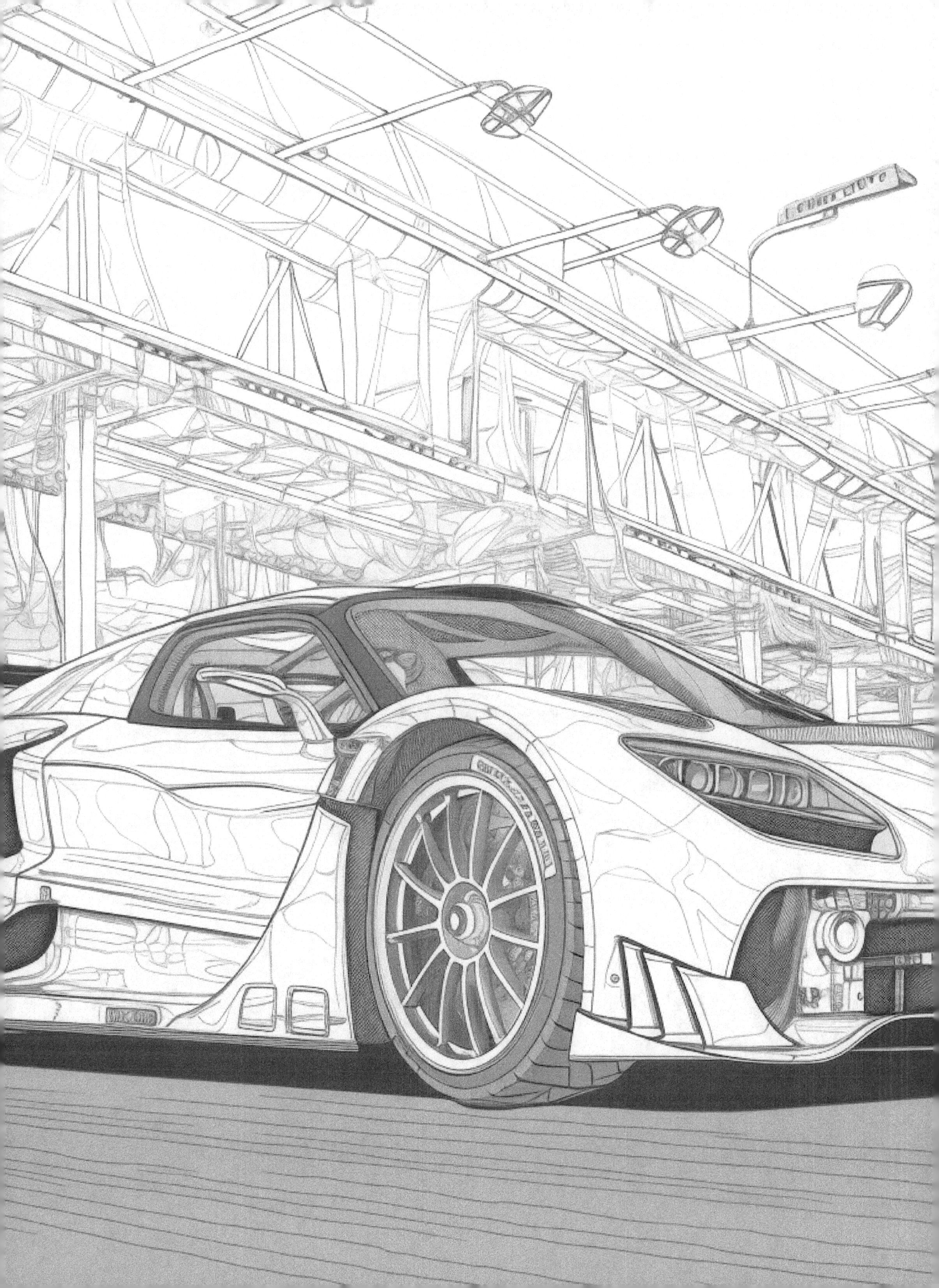

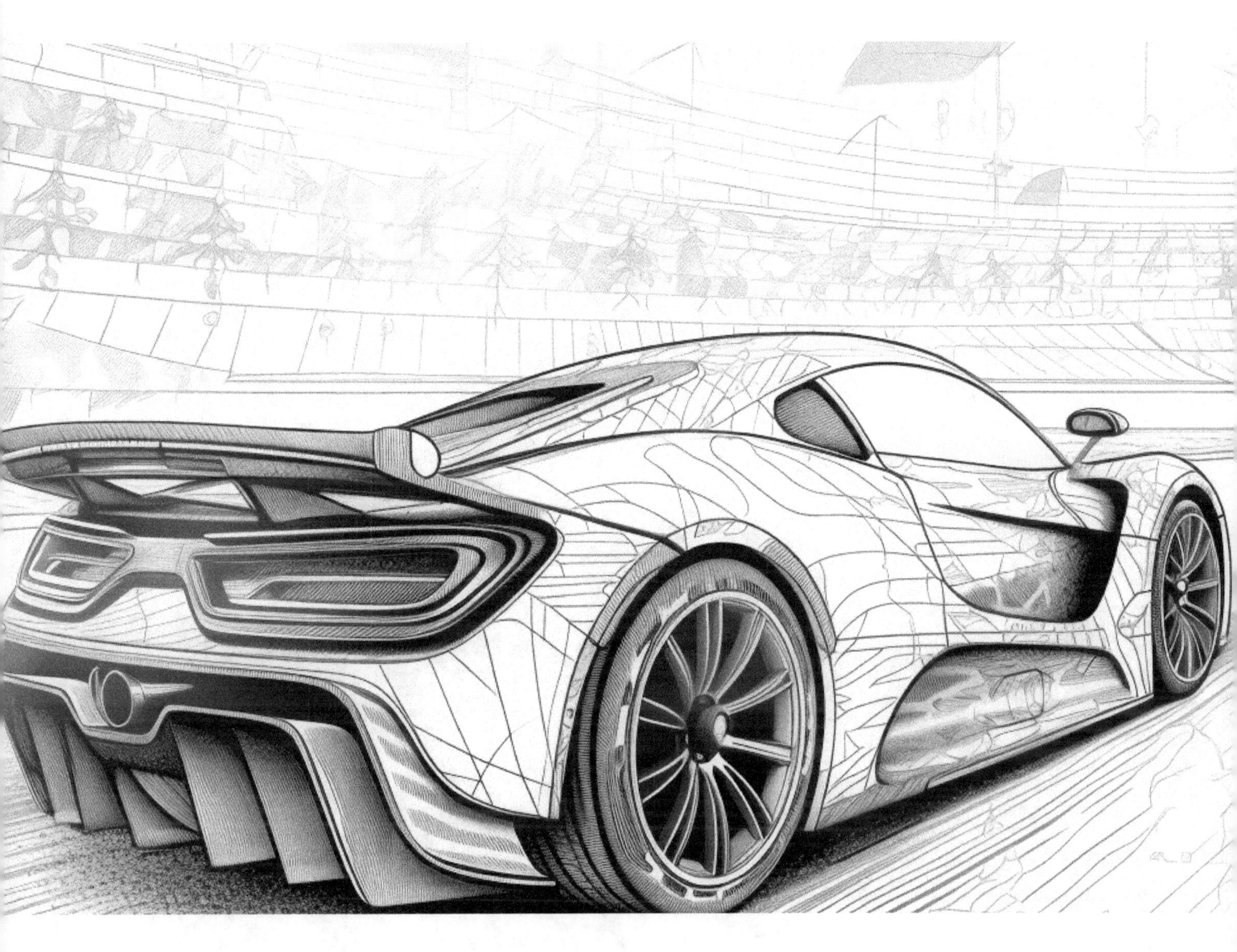

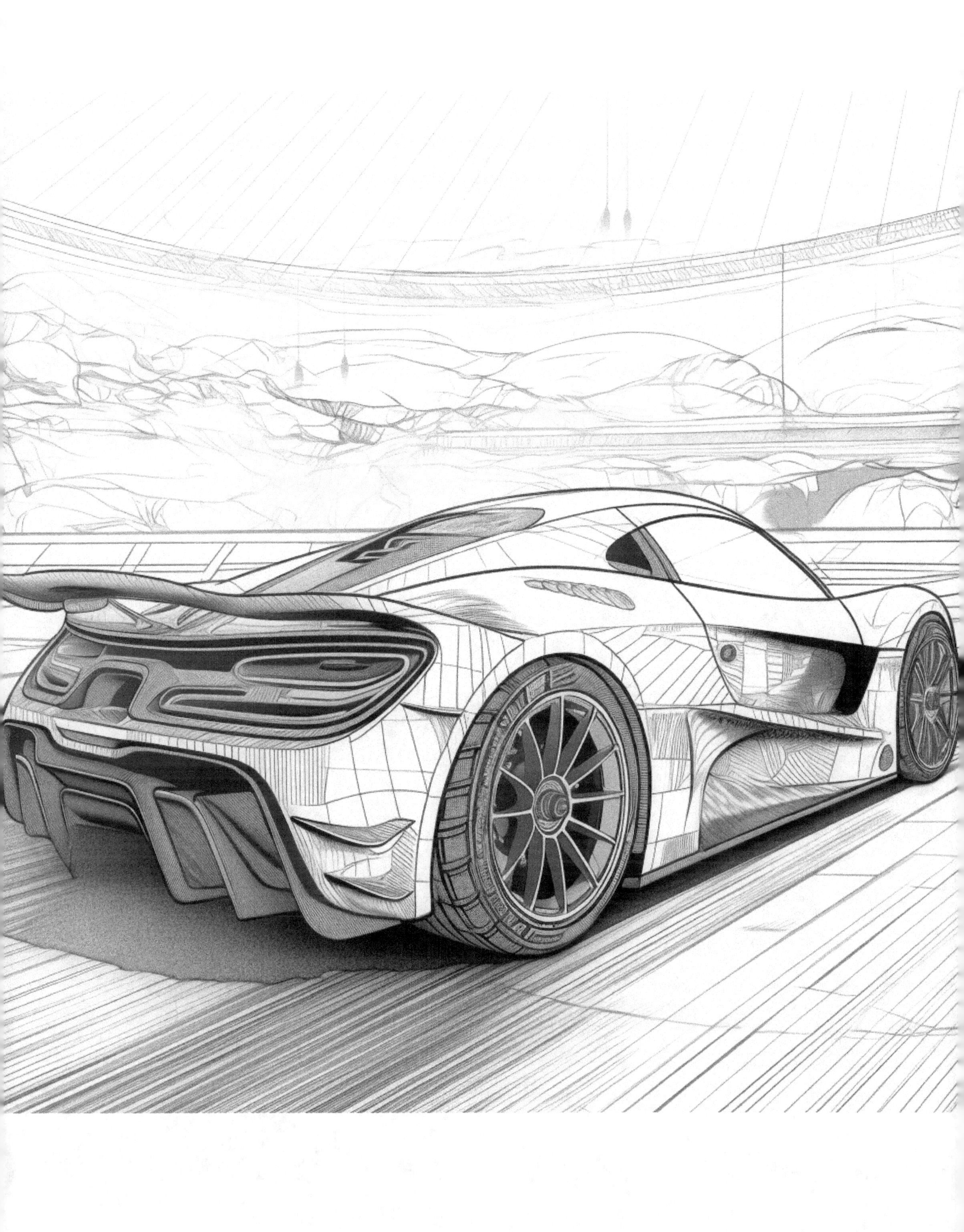

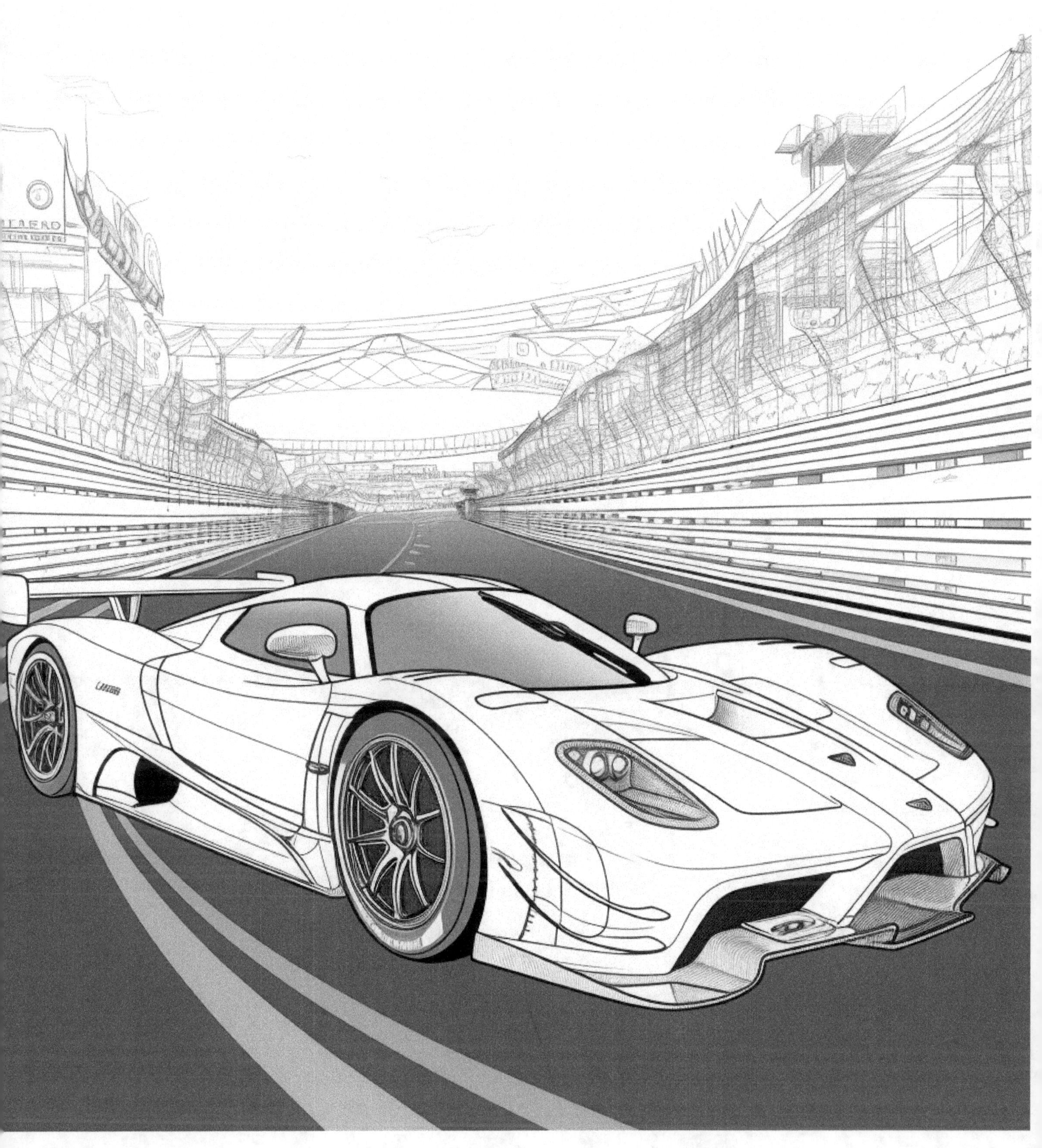

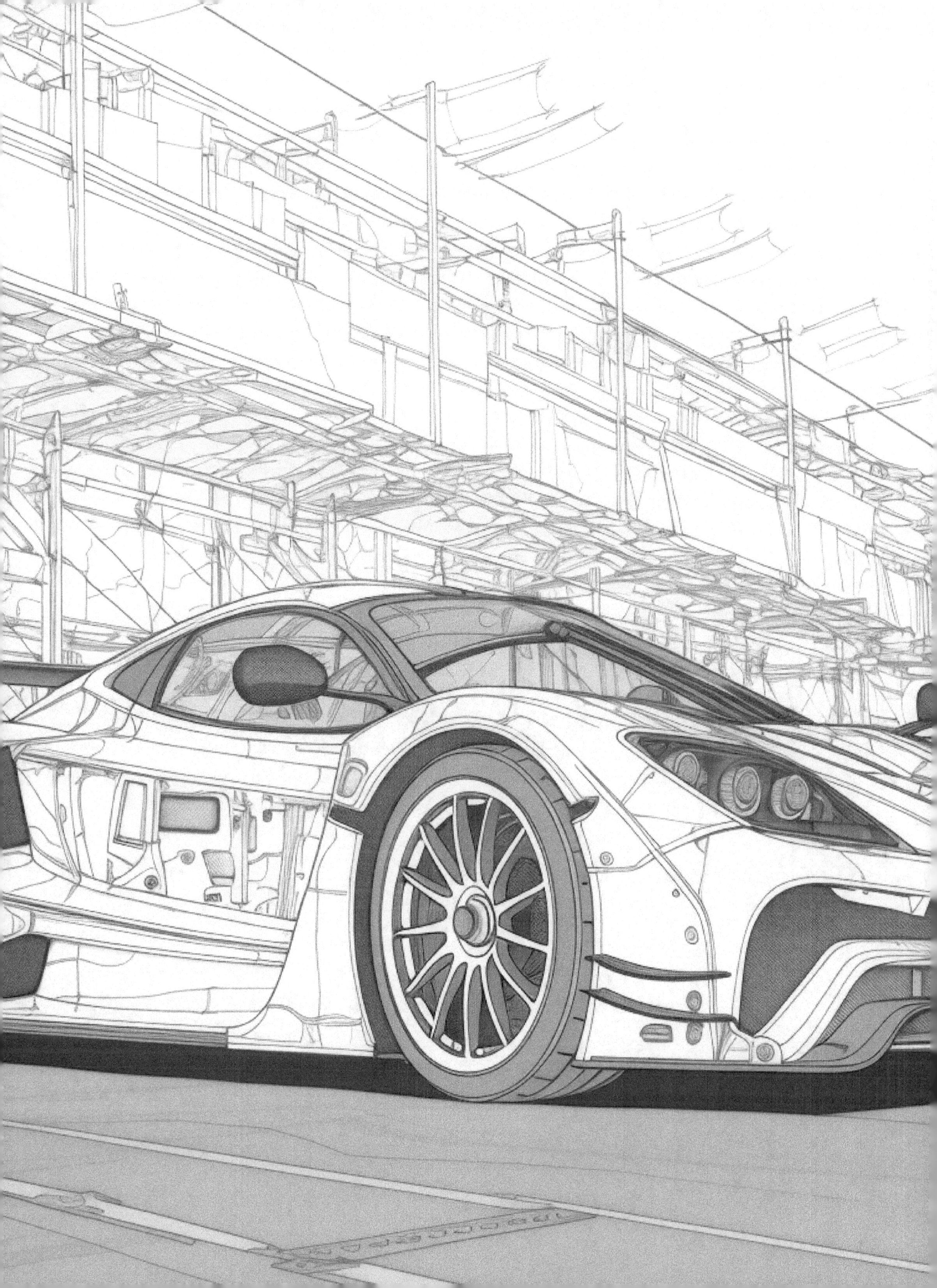

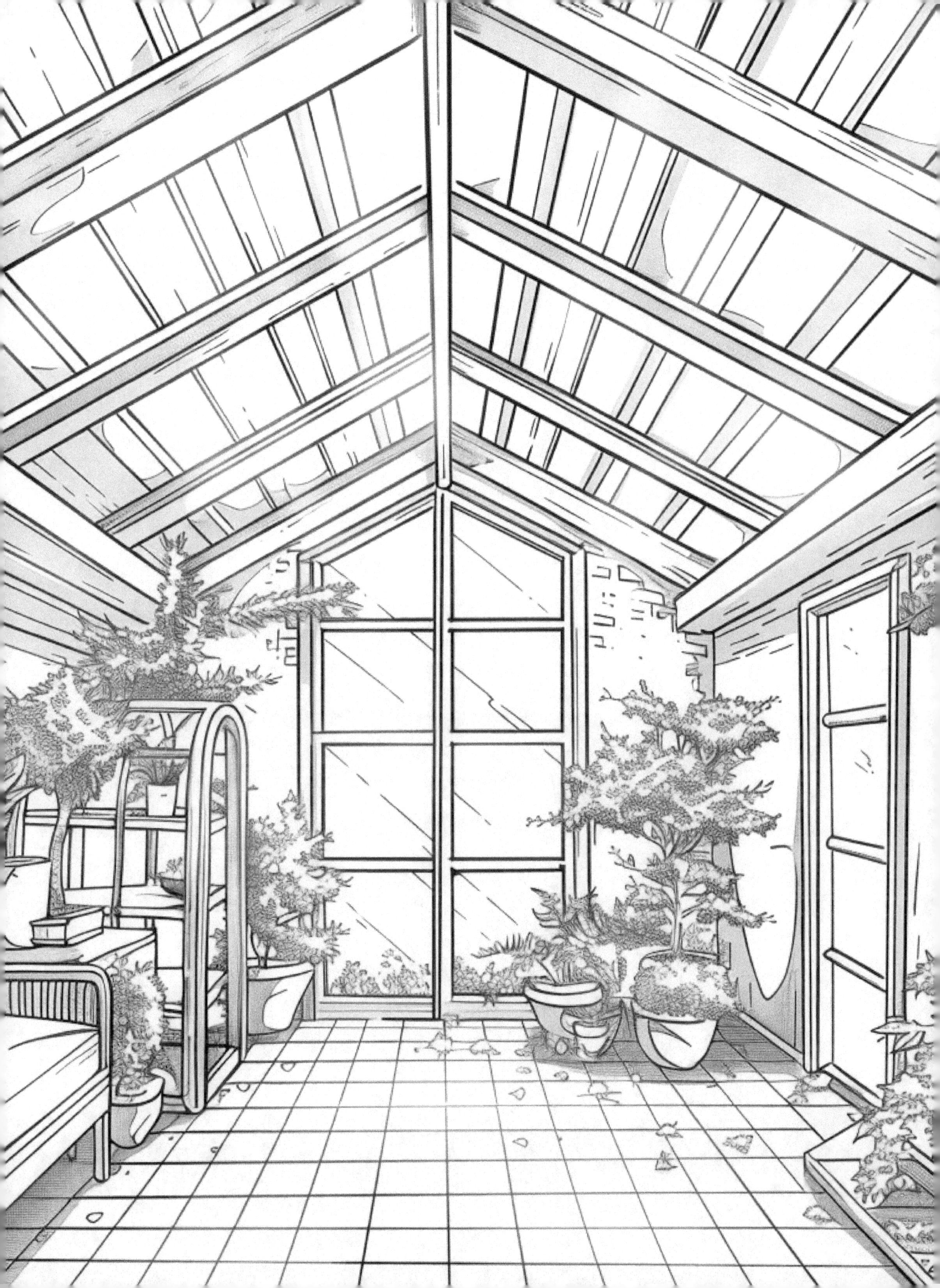

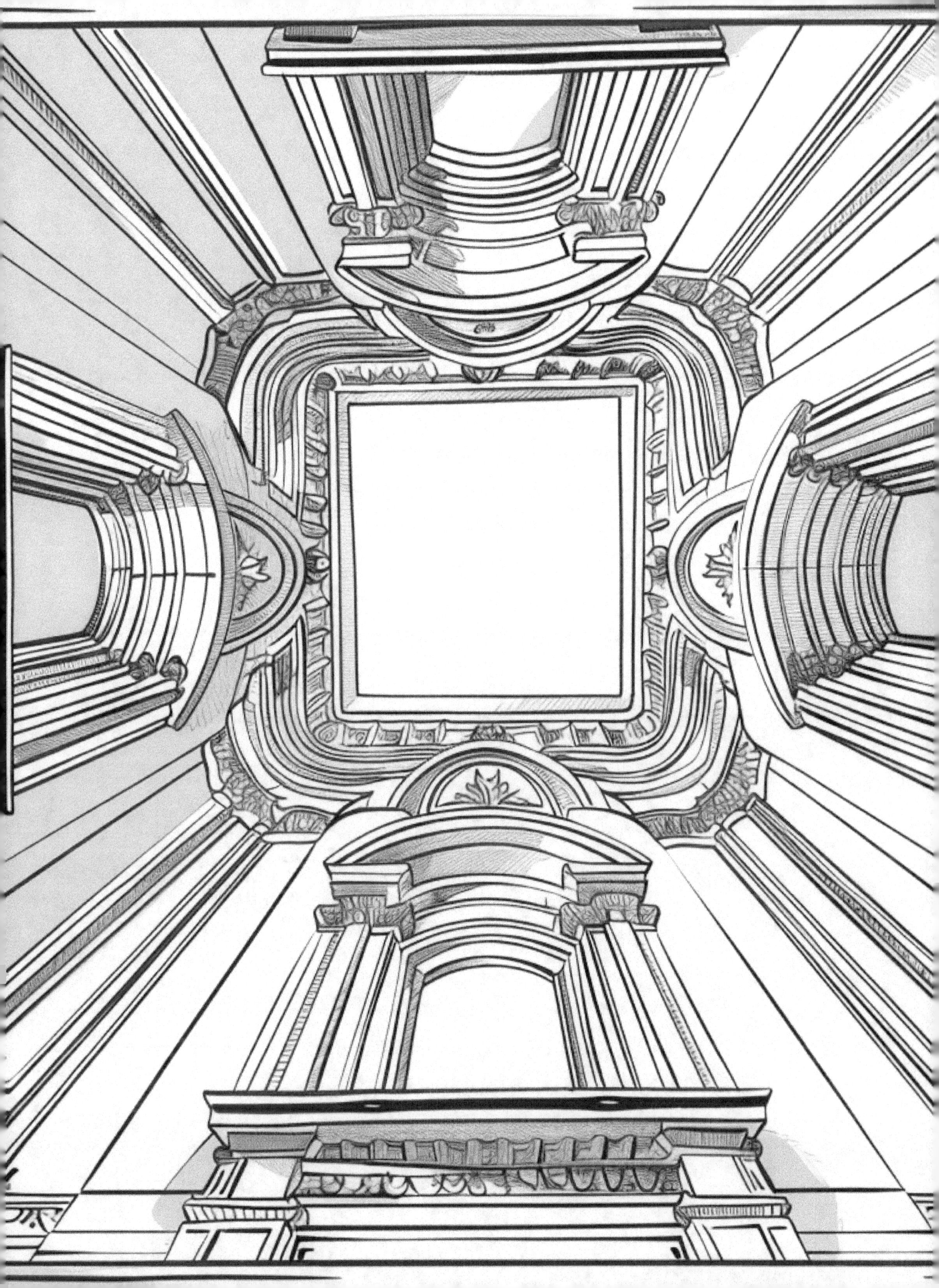

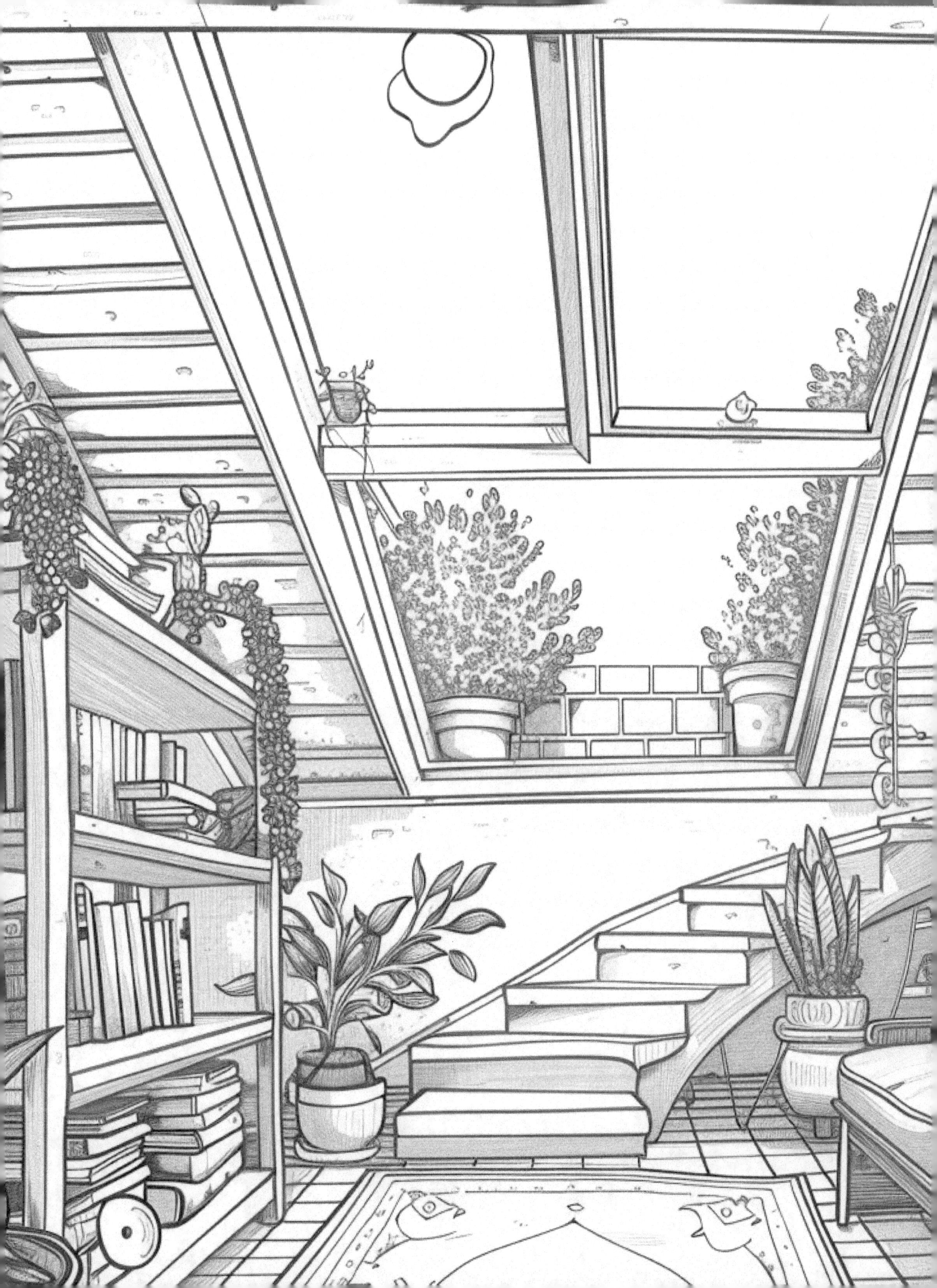

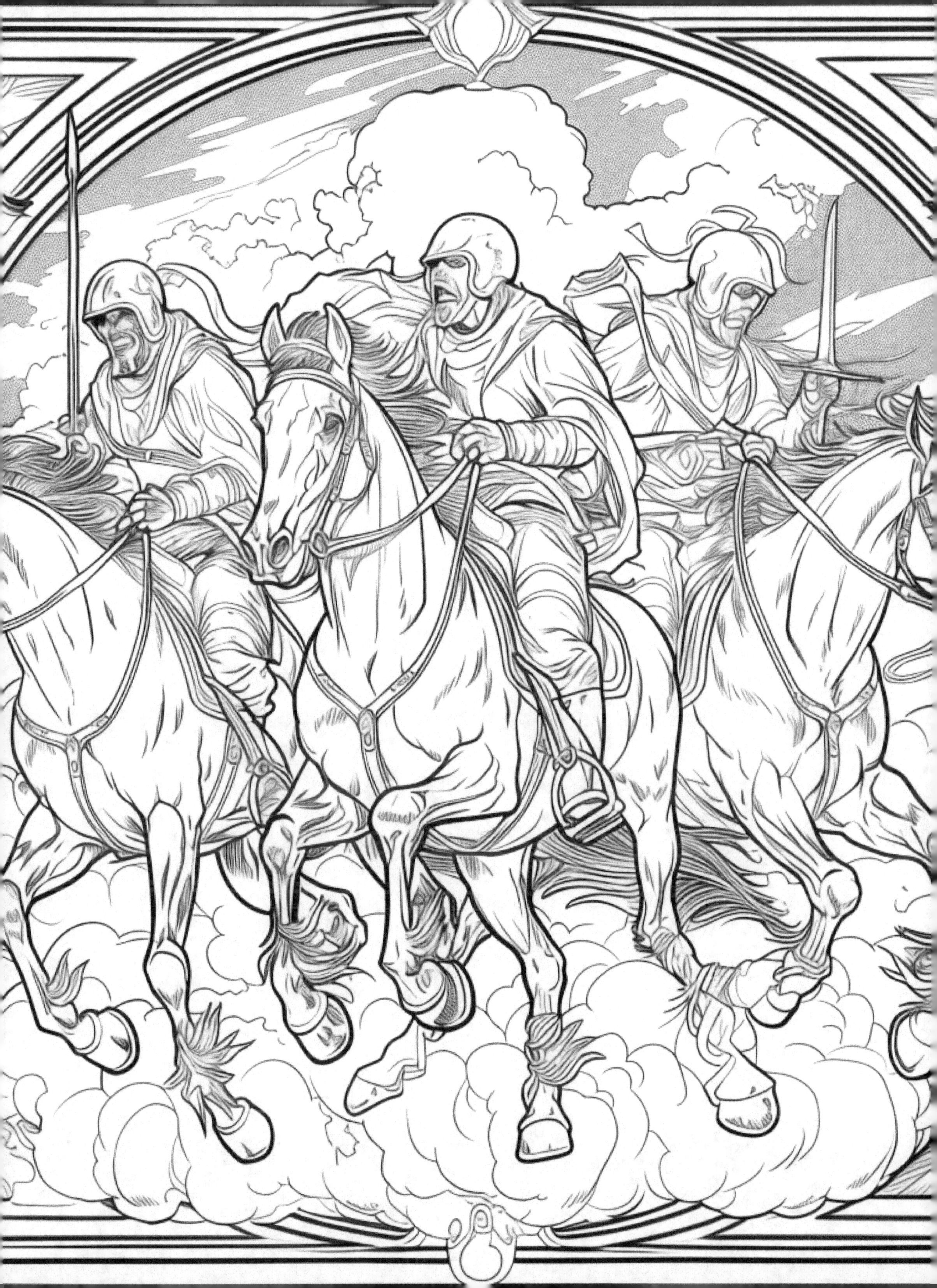

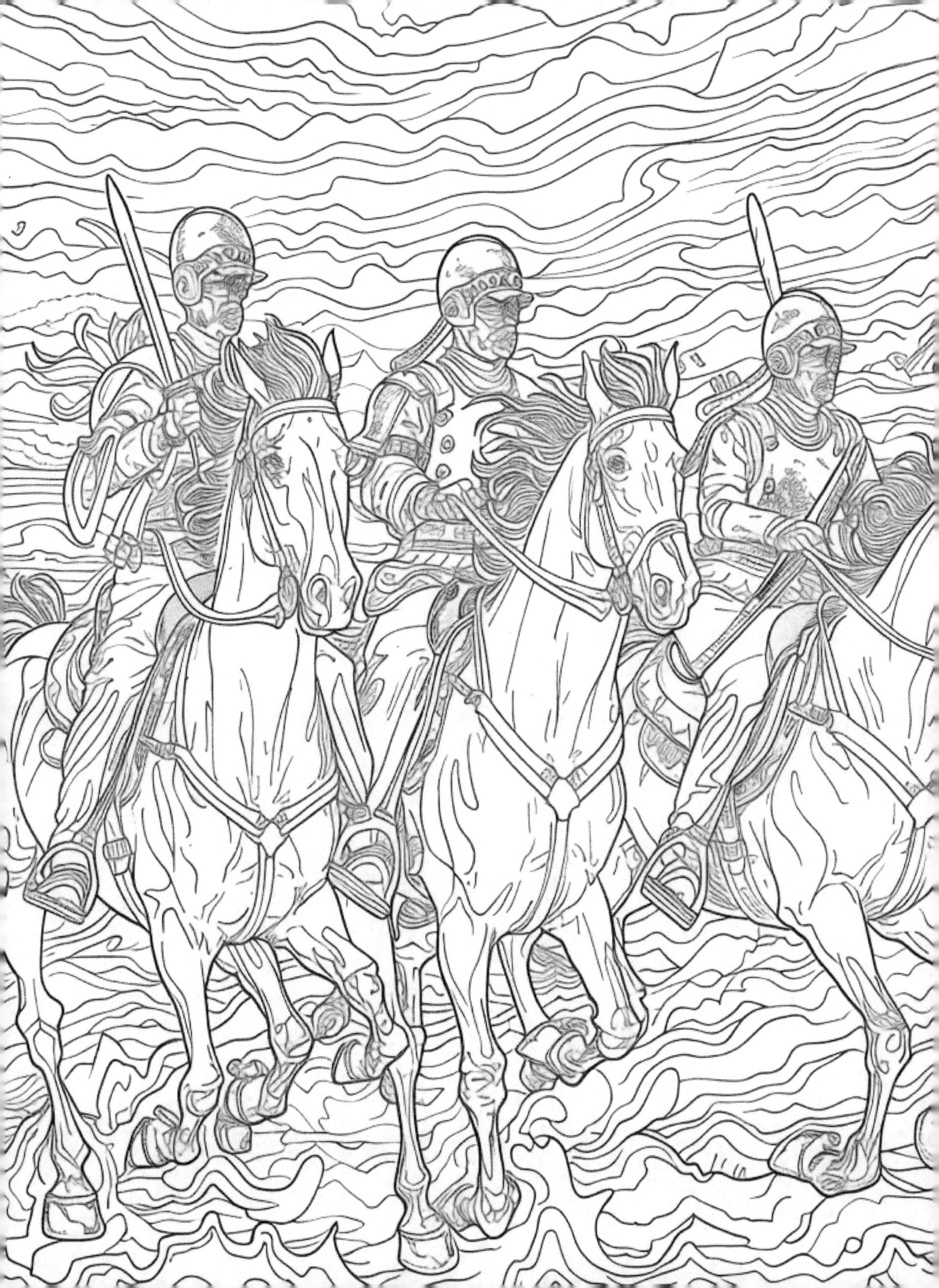

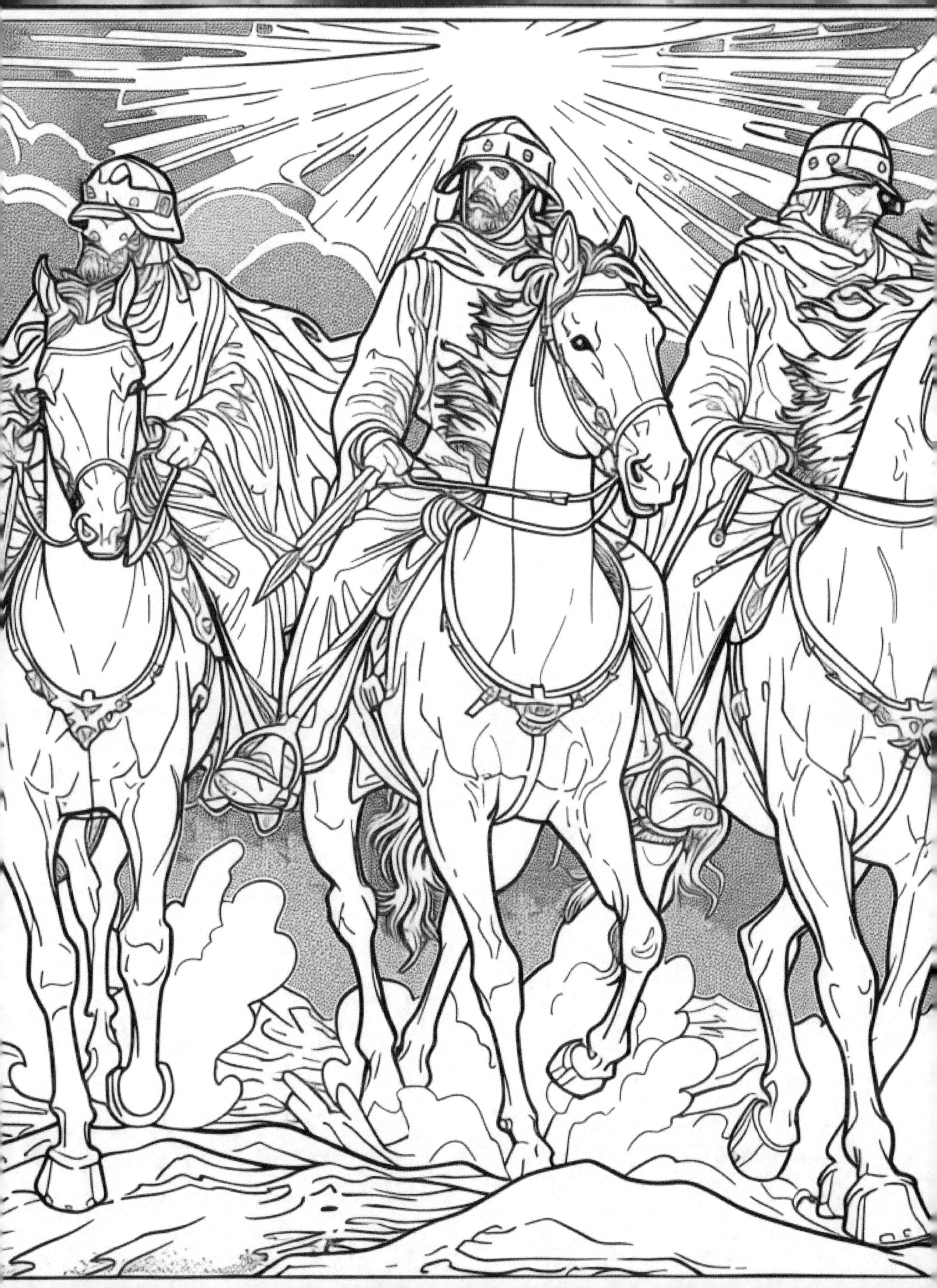

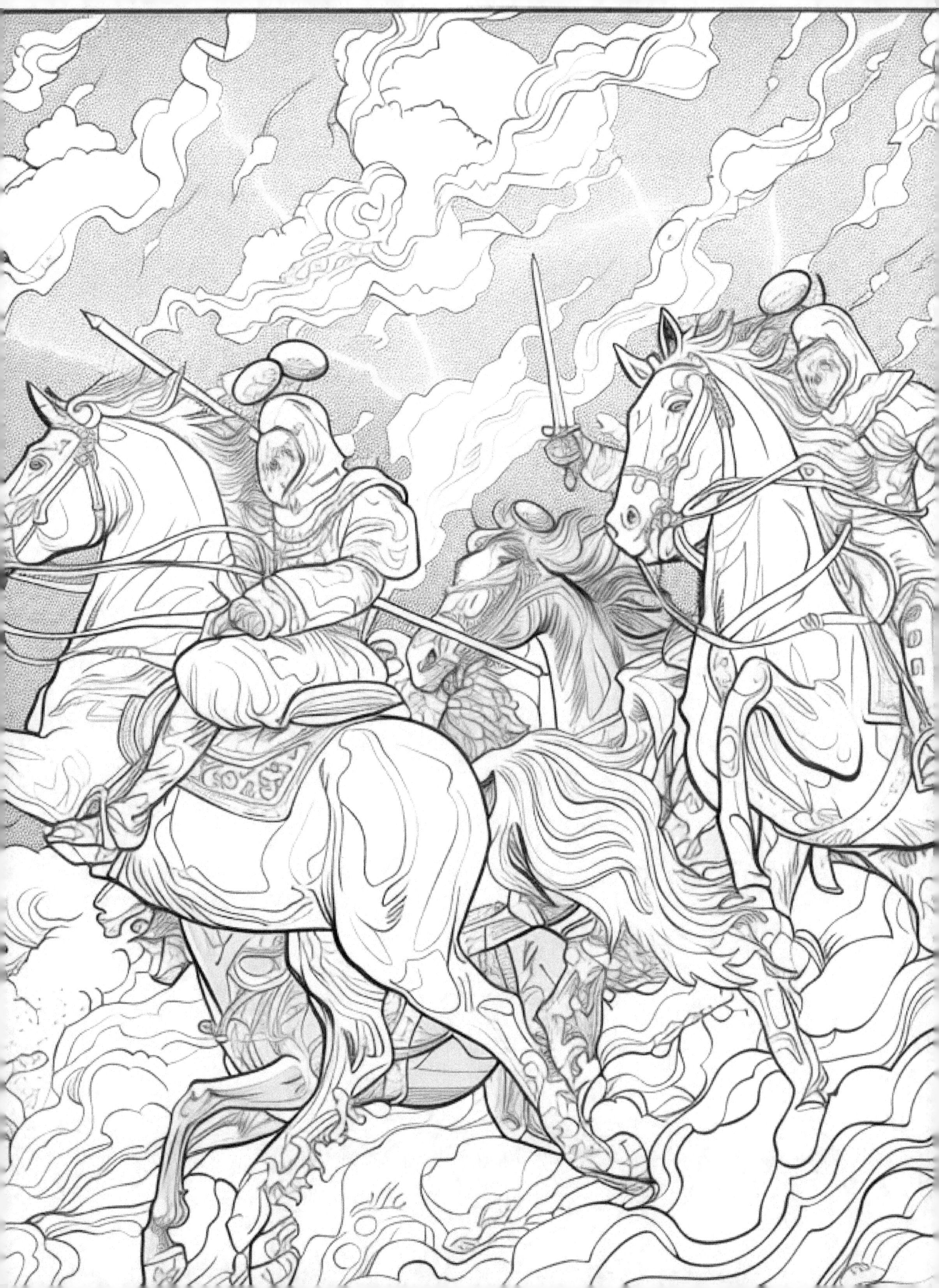

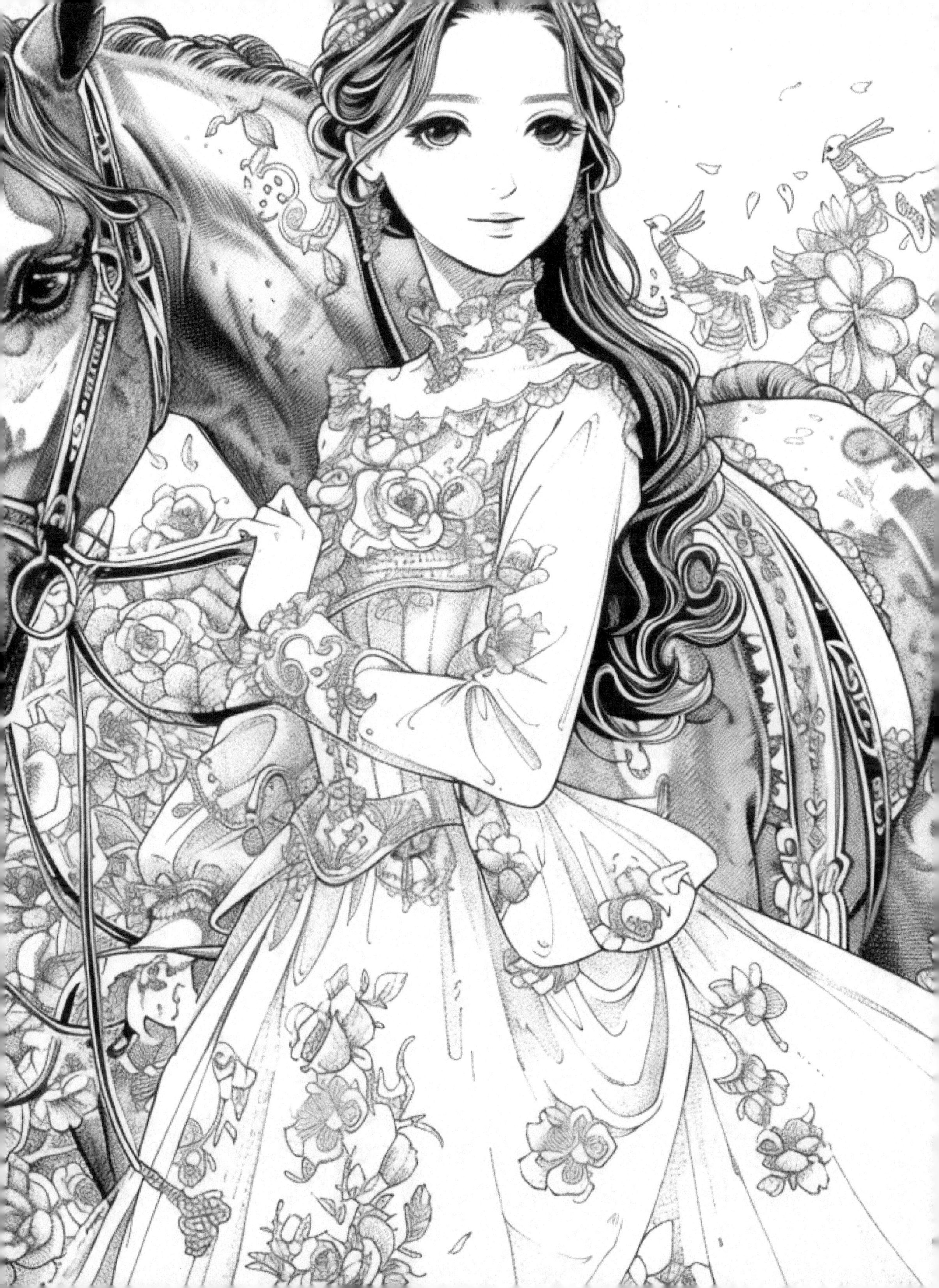

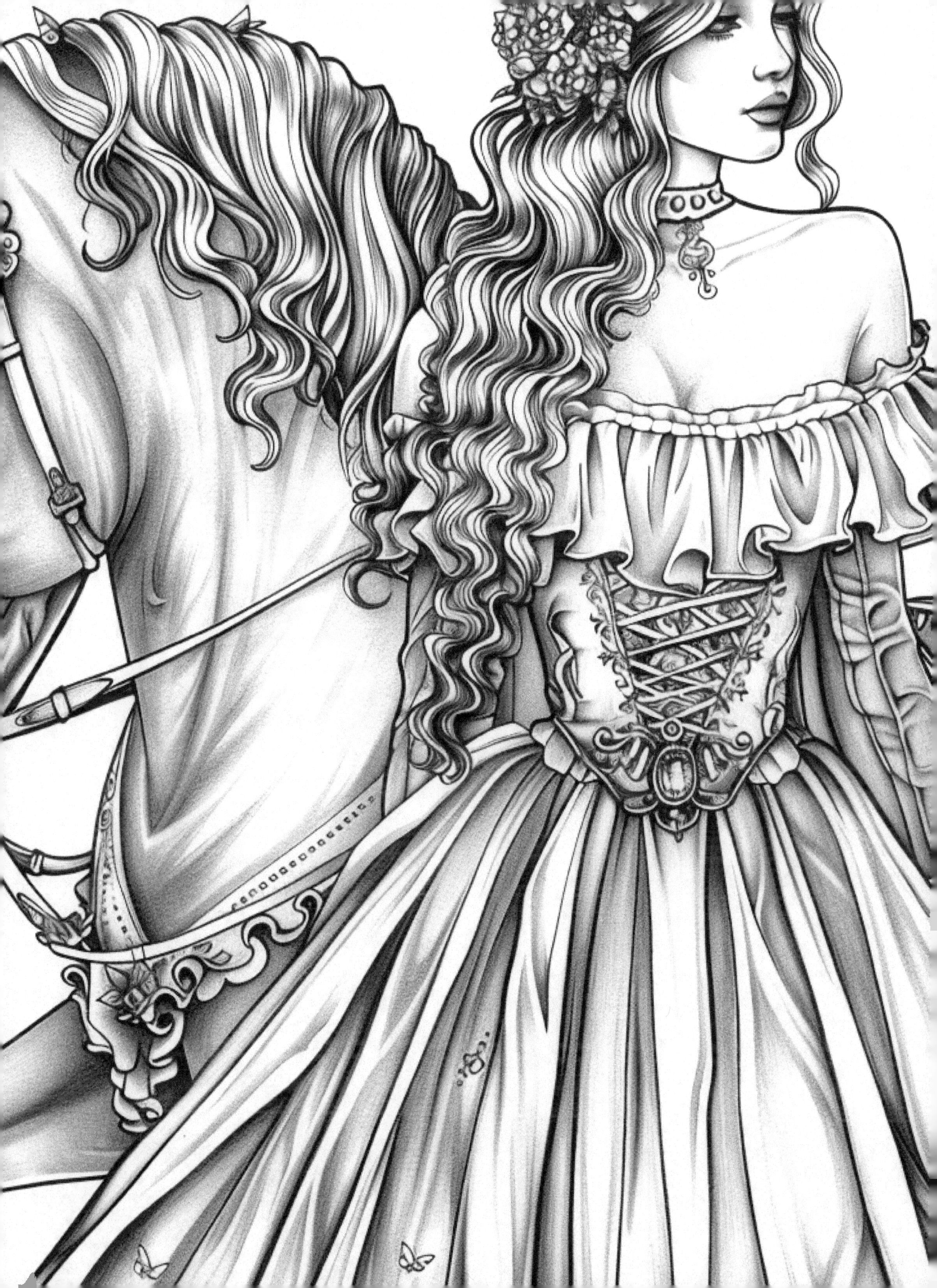

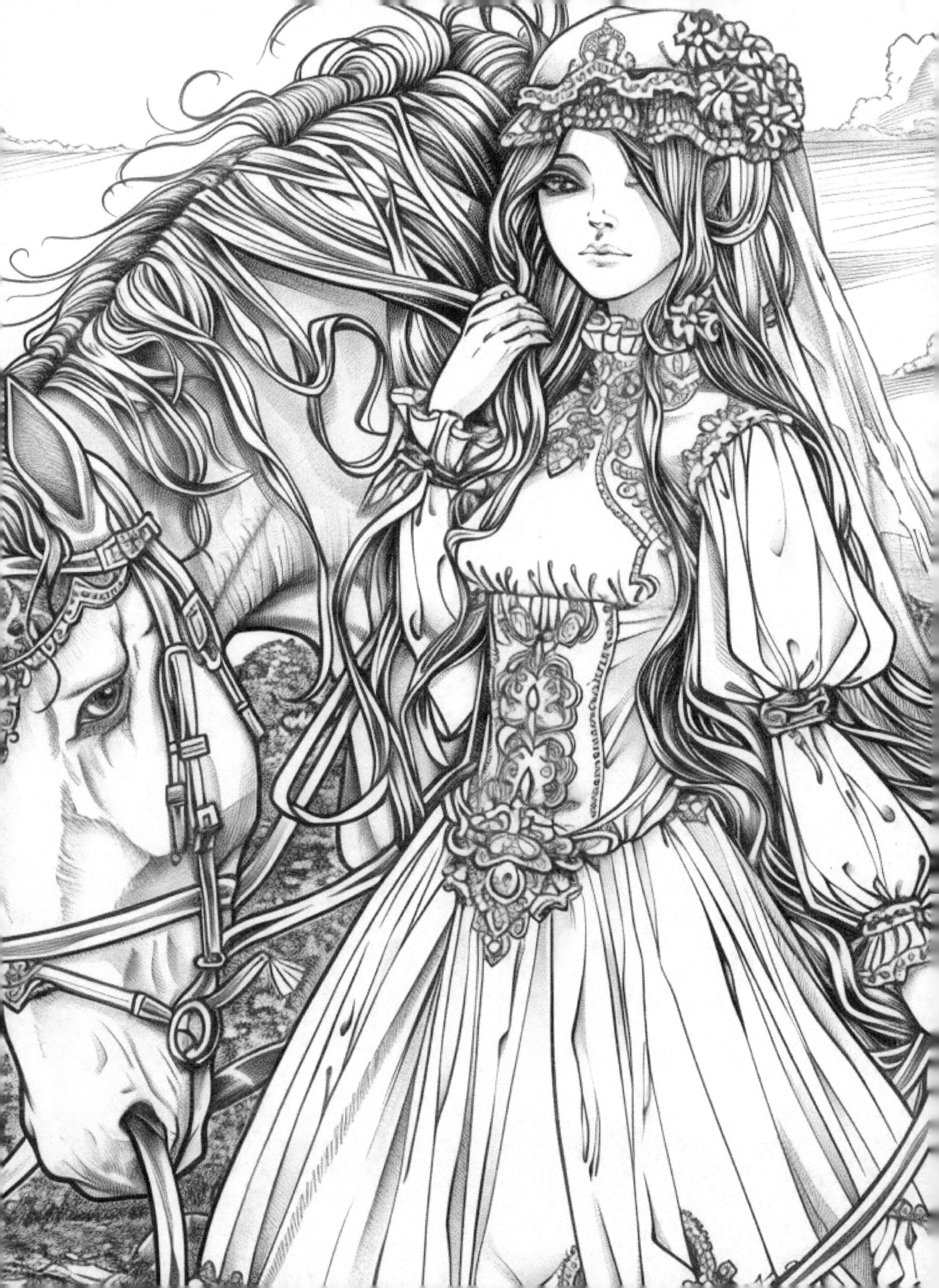

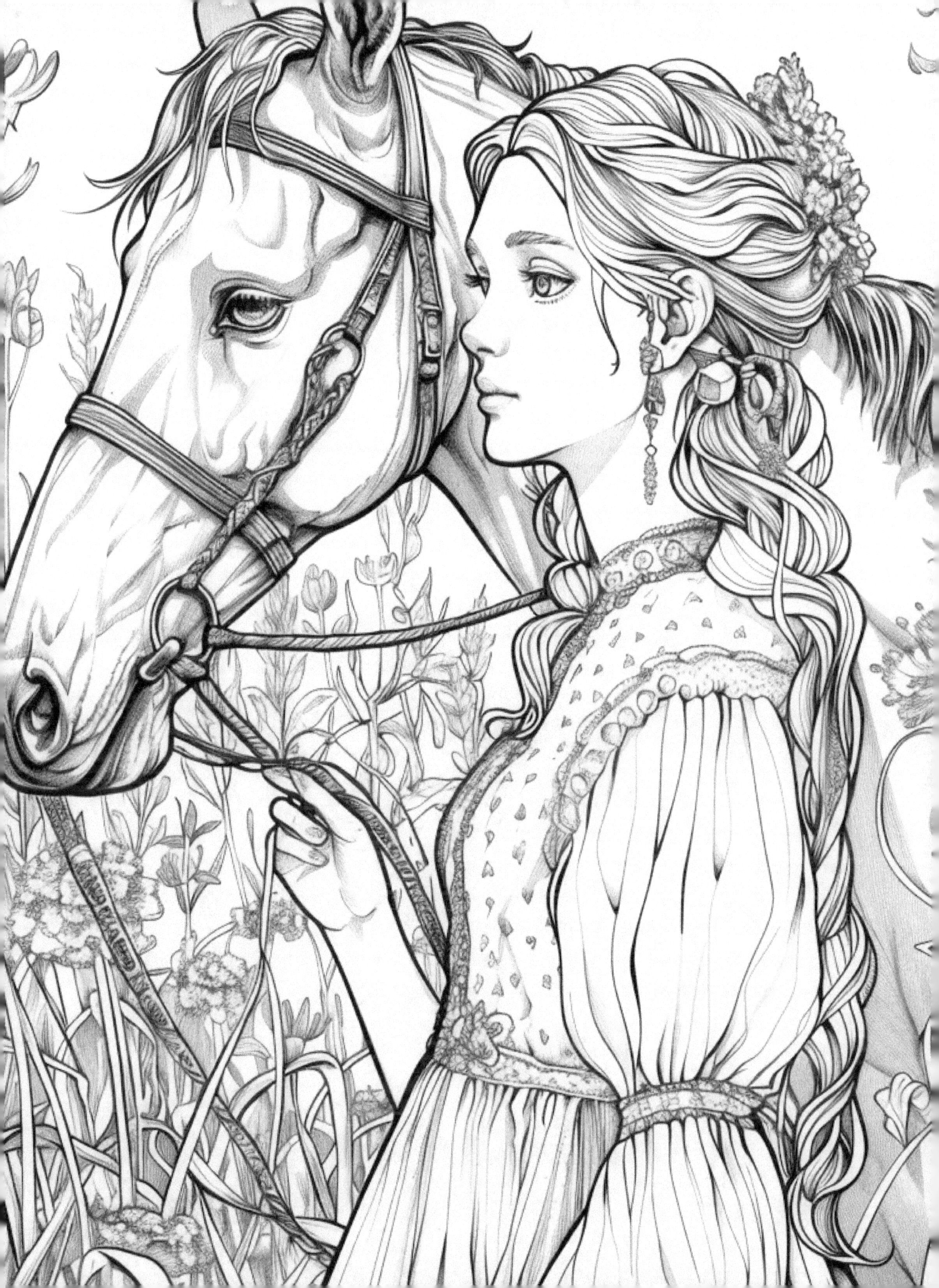

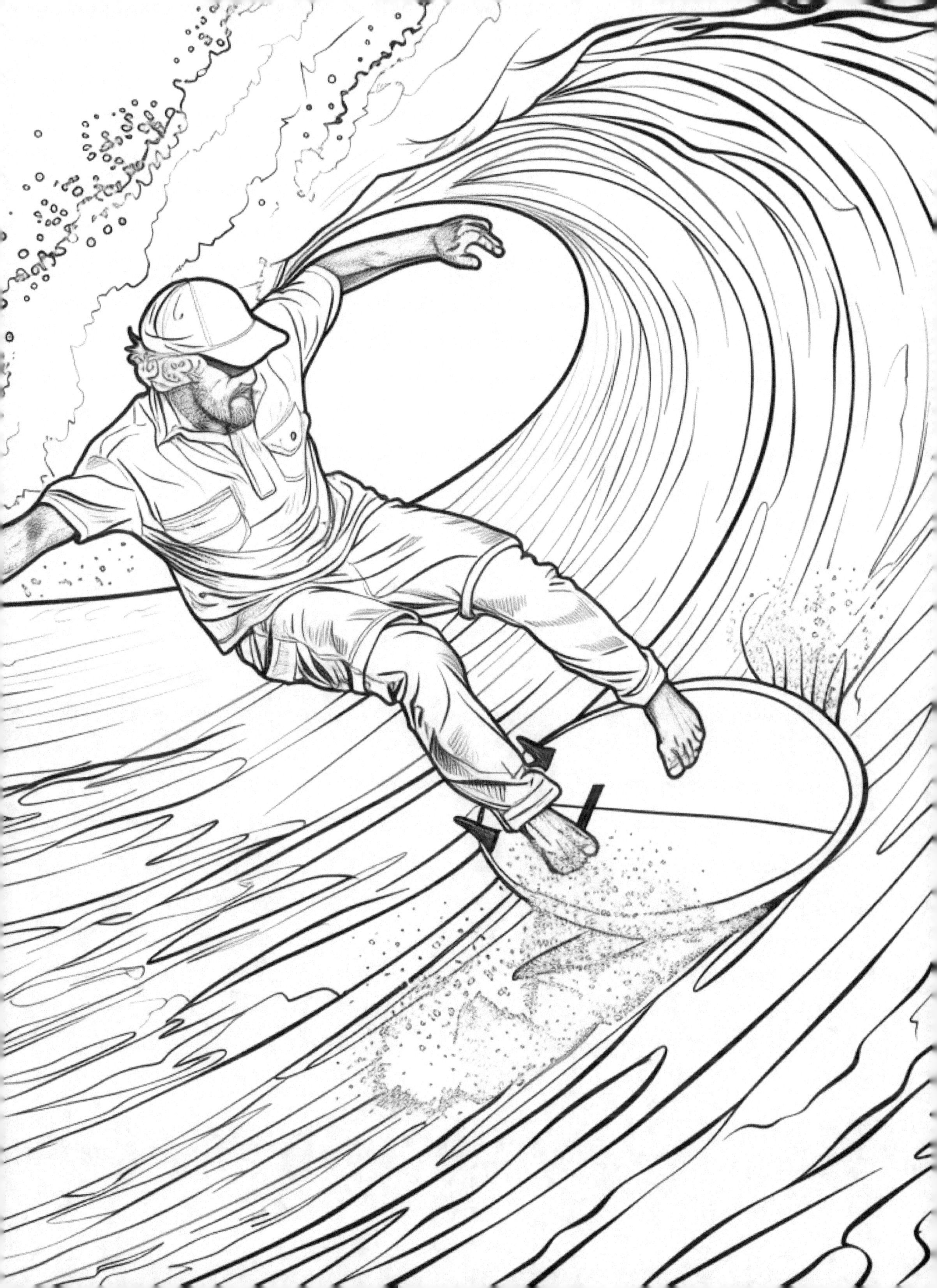

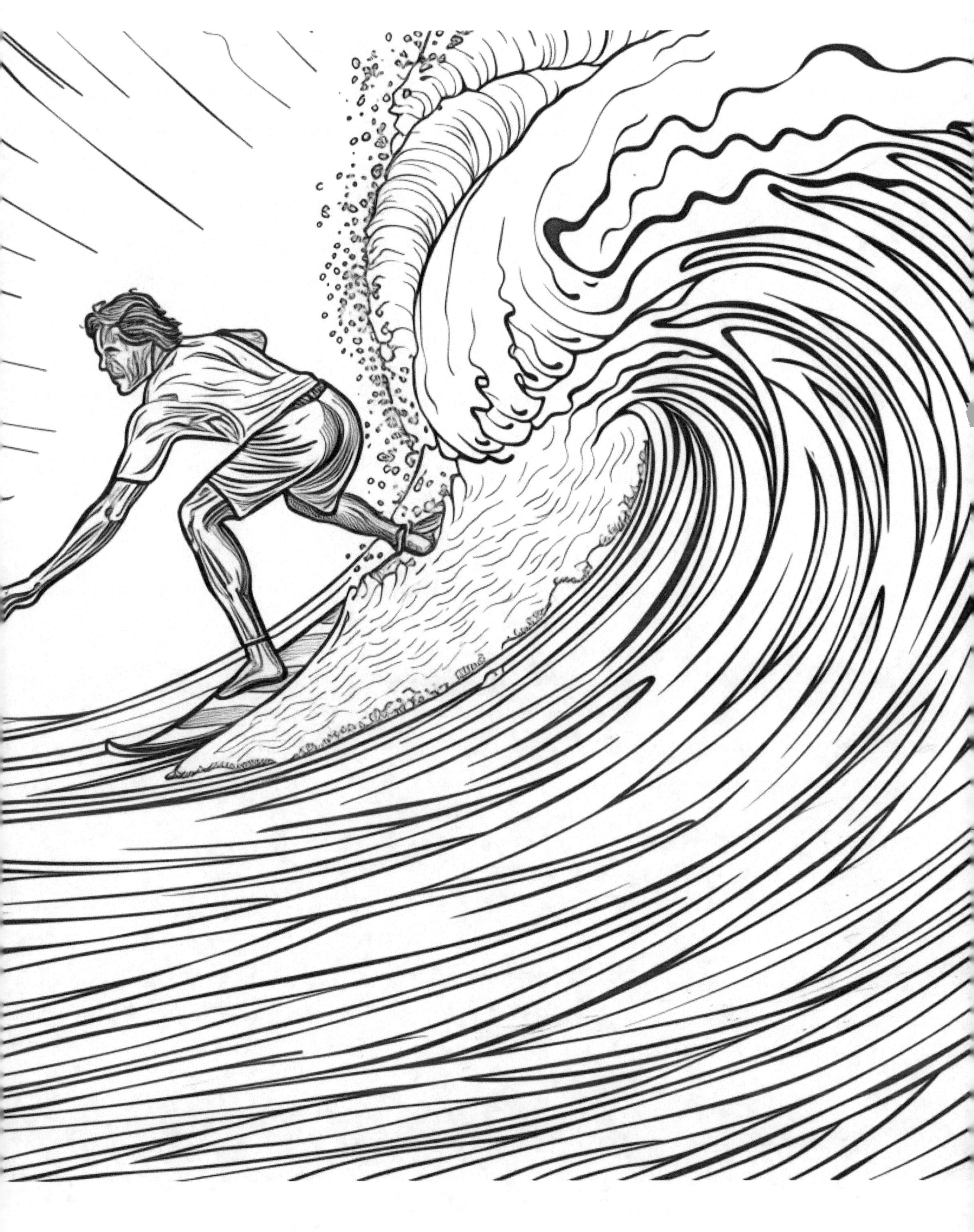

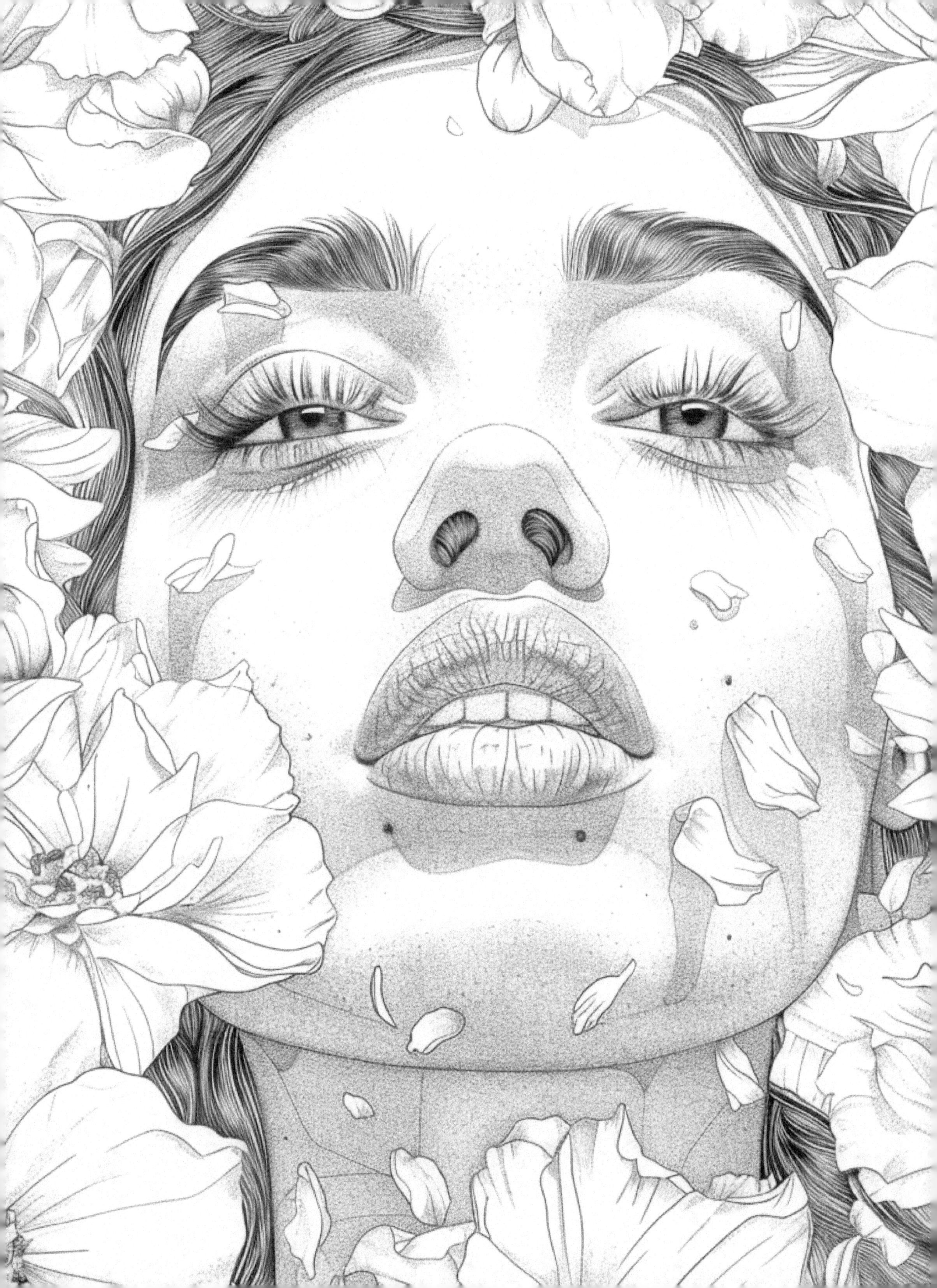

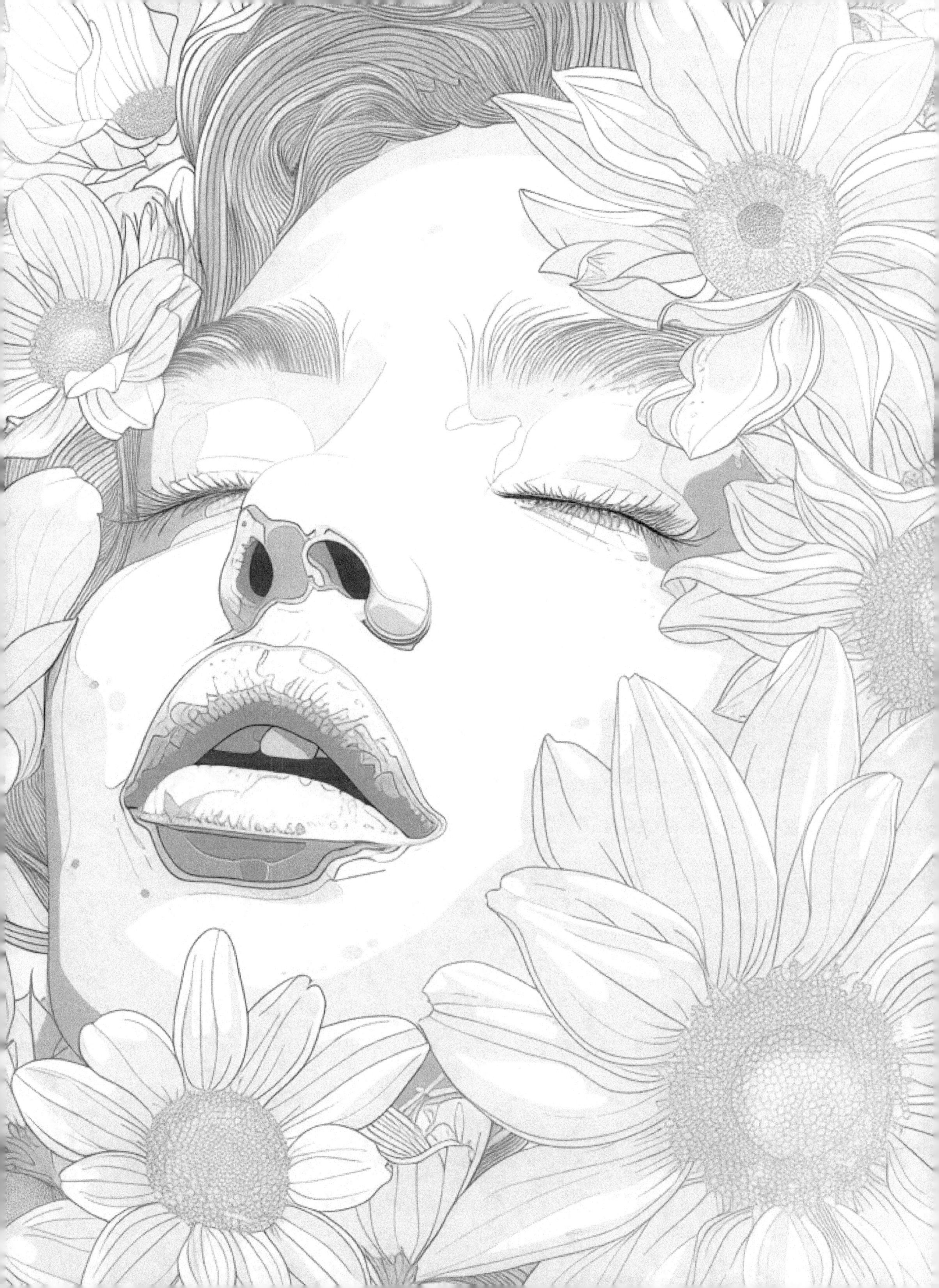

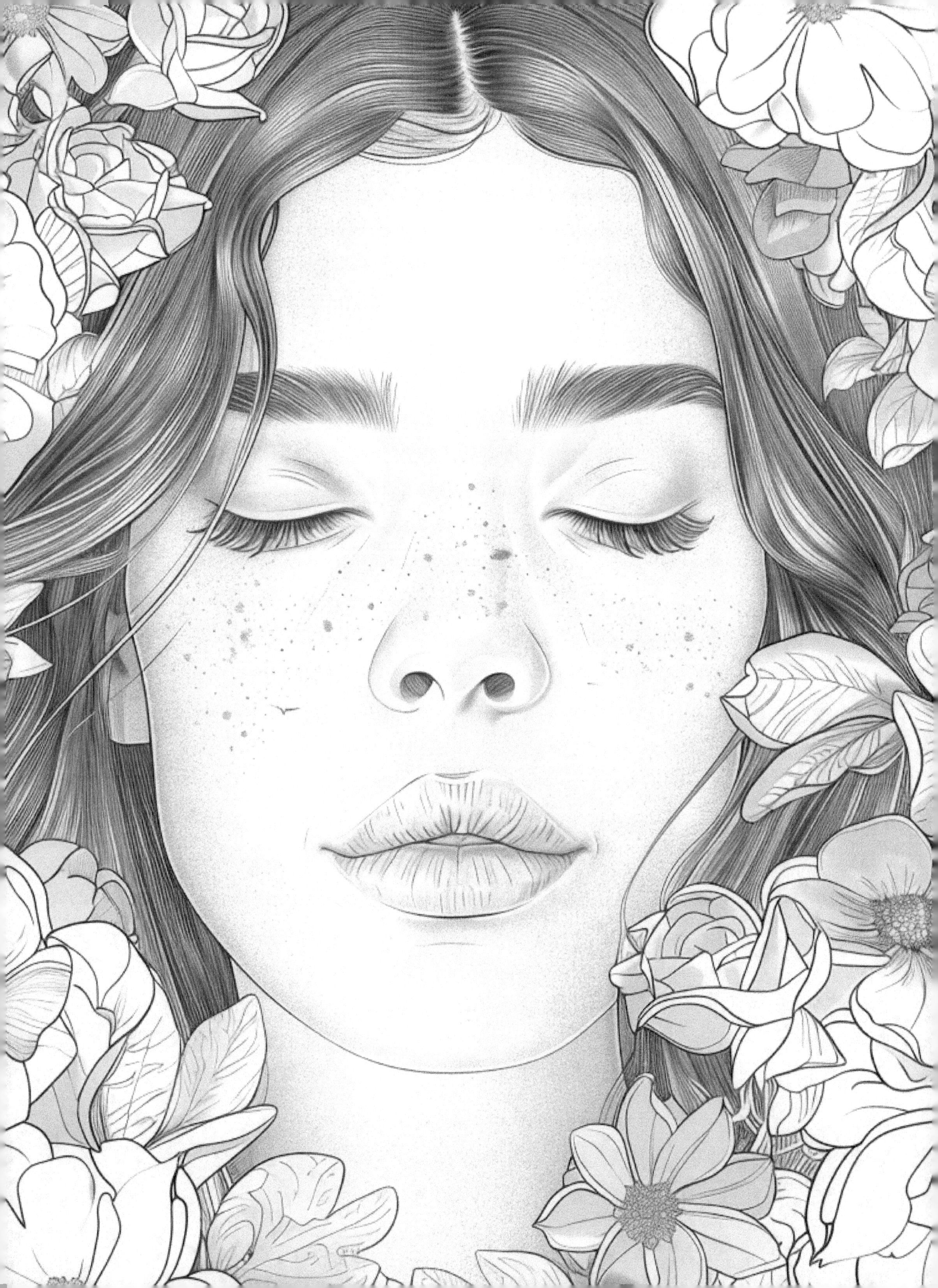

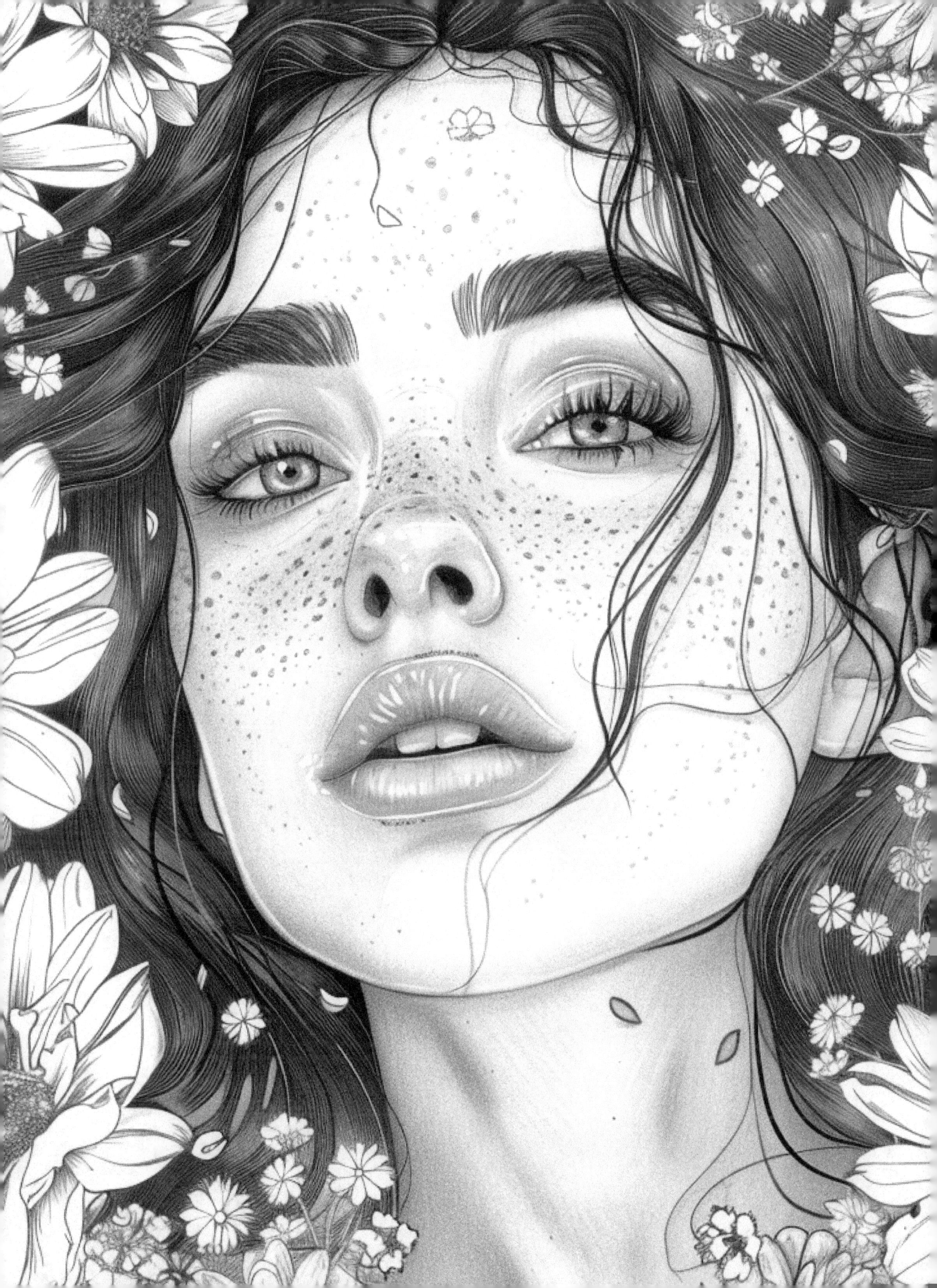

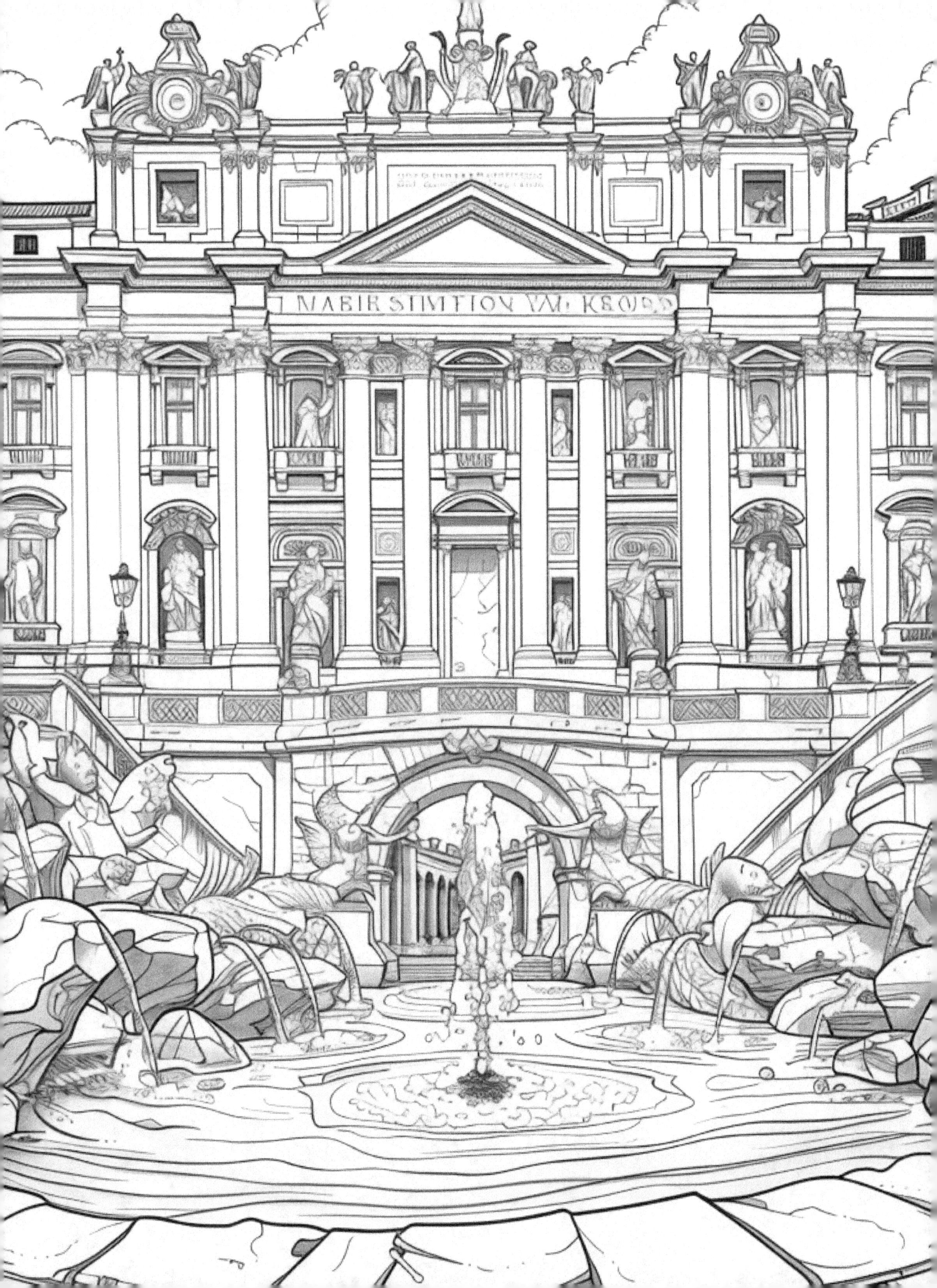

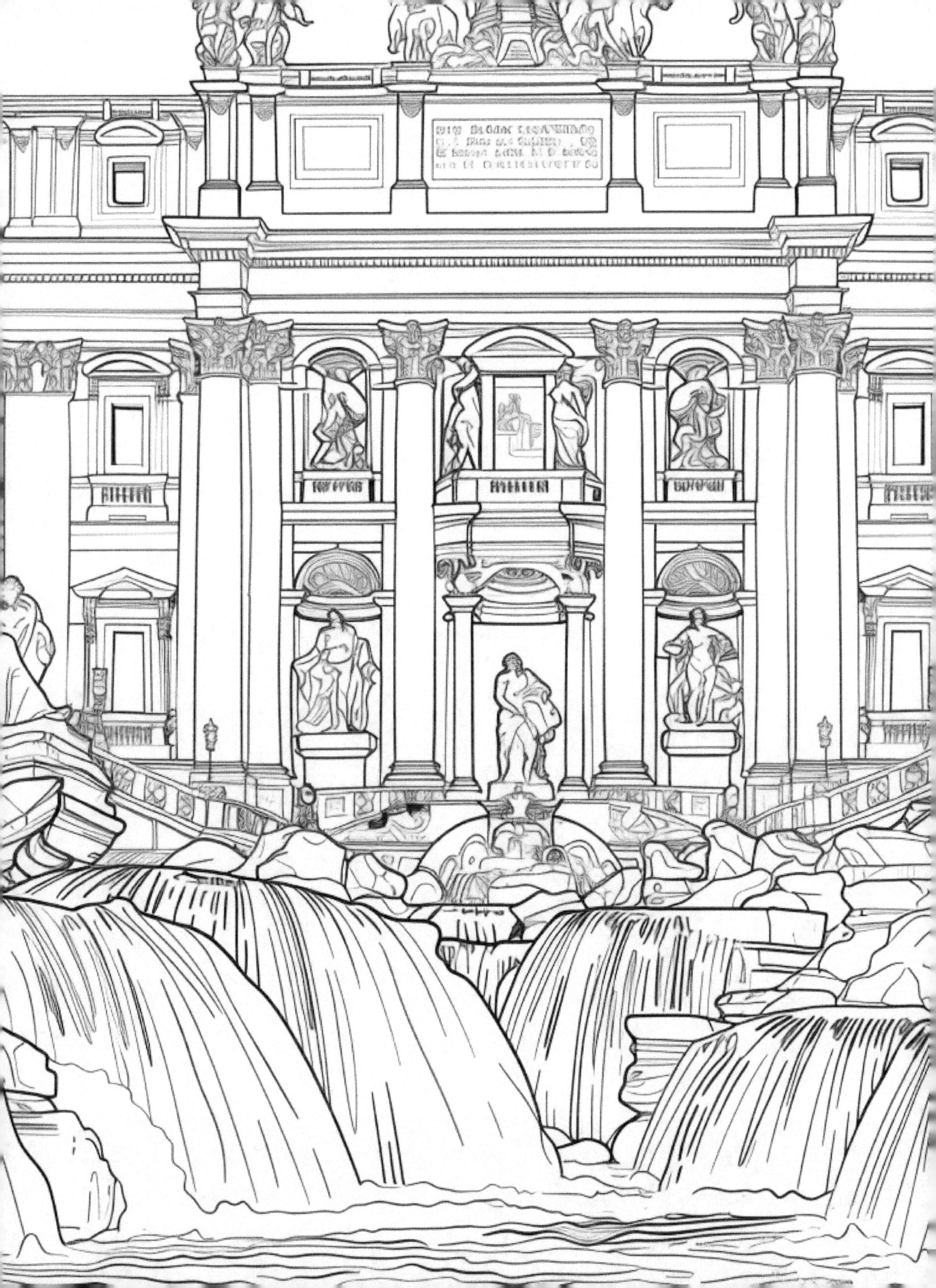

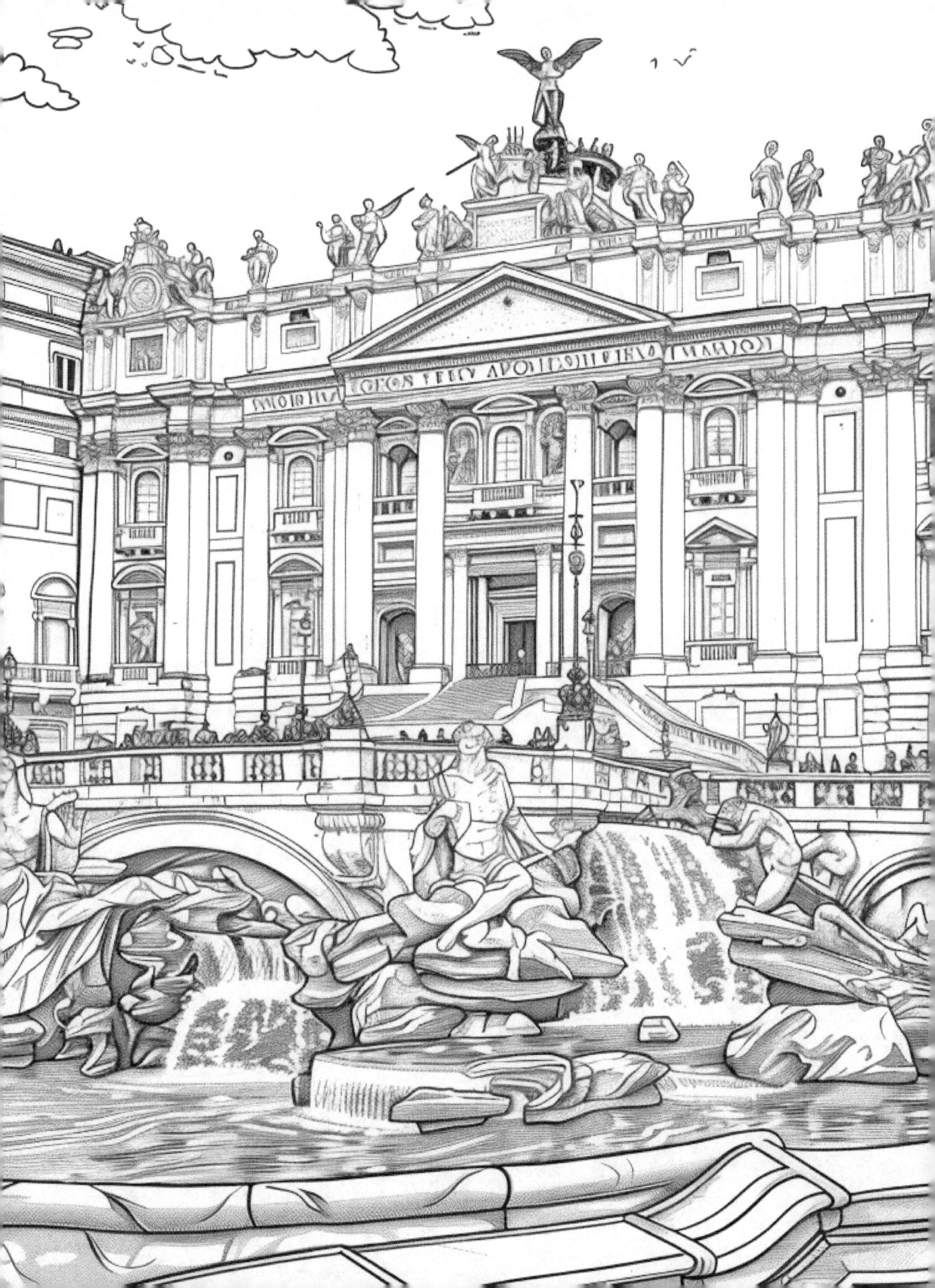

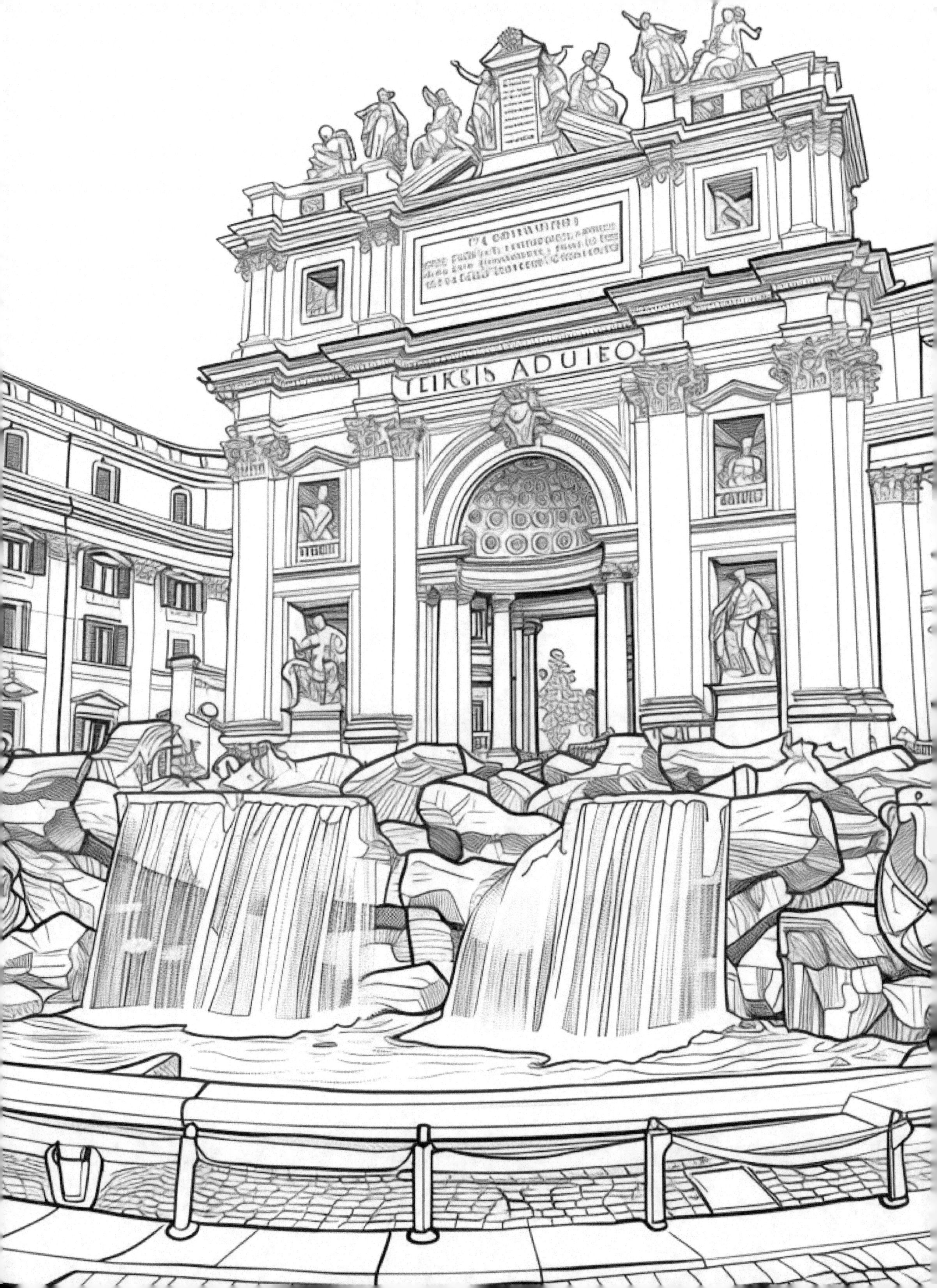

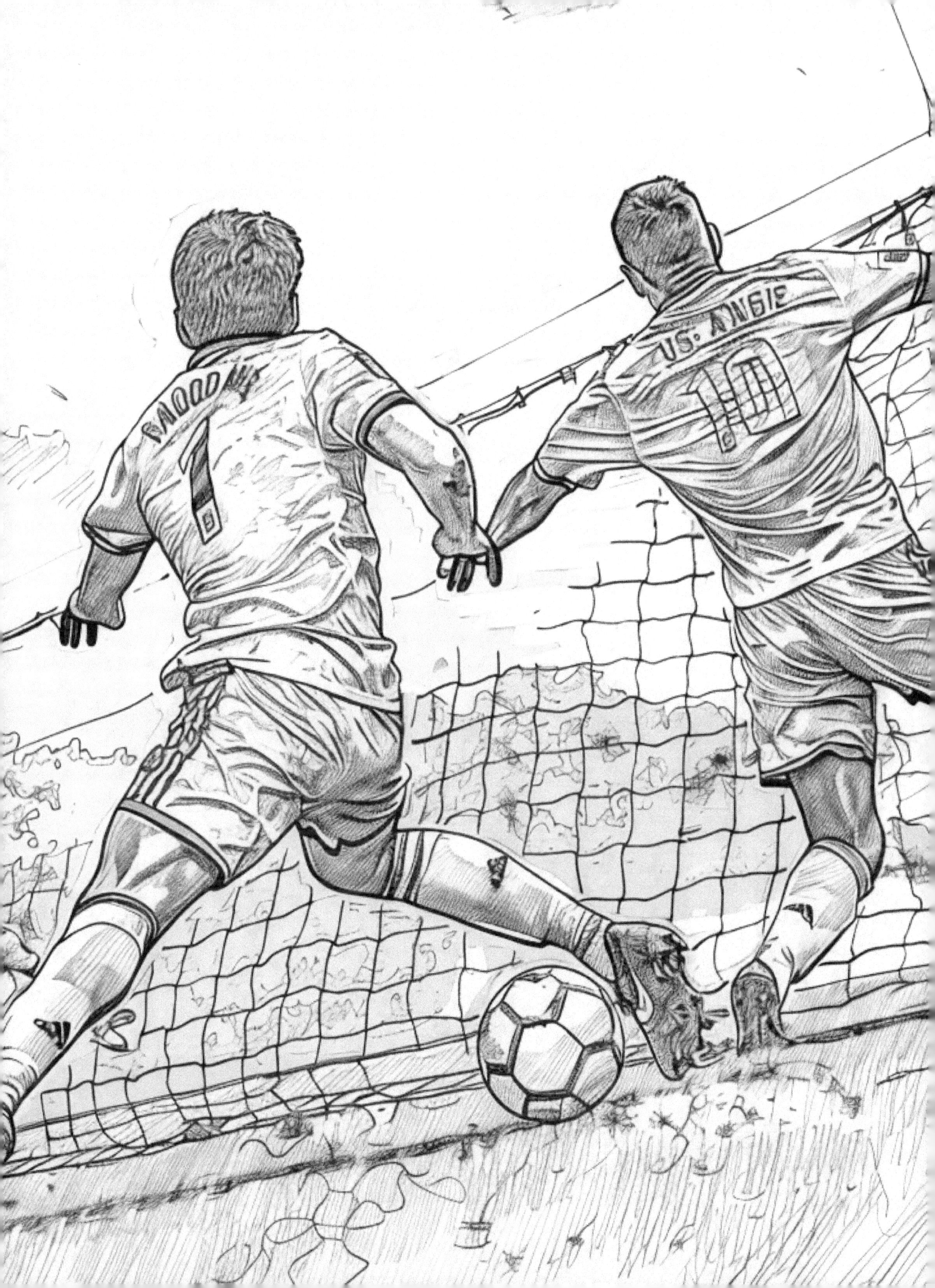

FAGUDA
8
US ANGIE
10

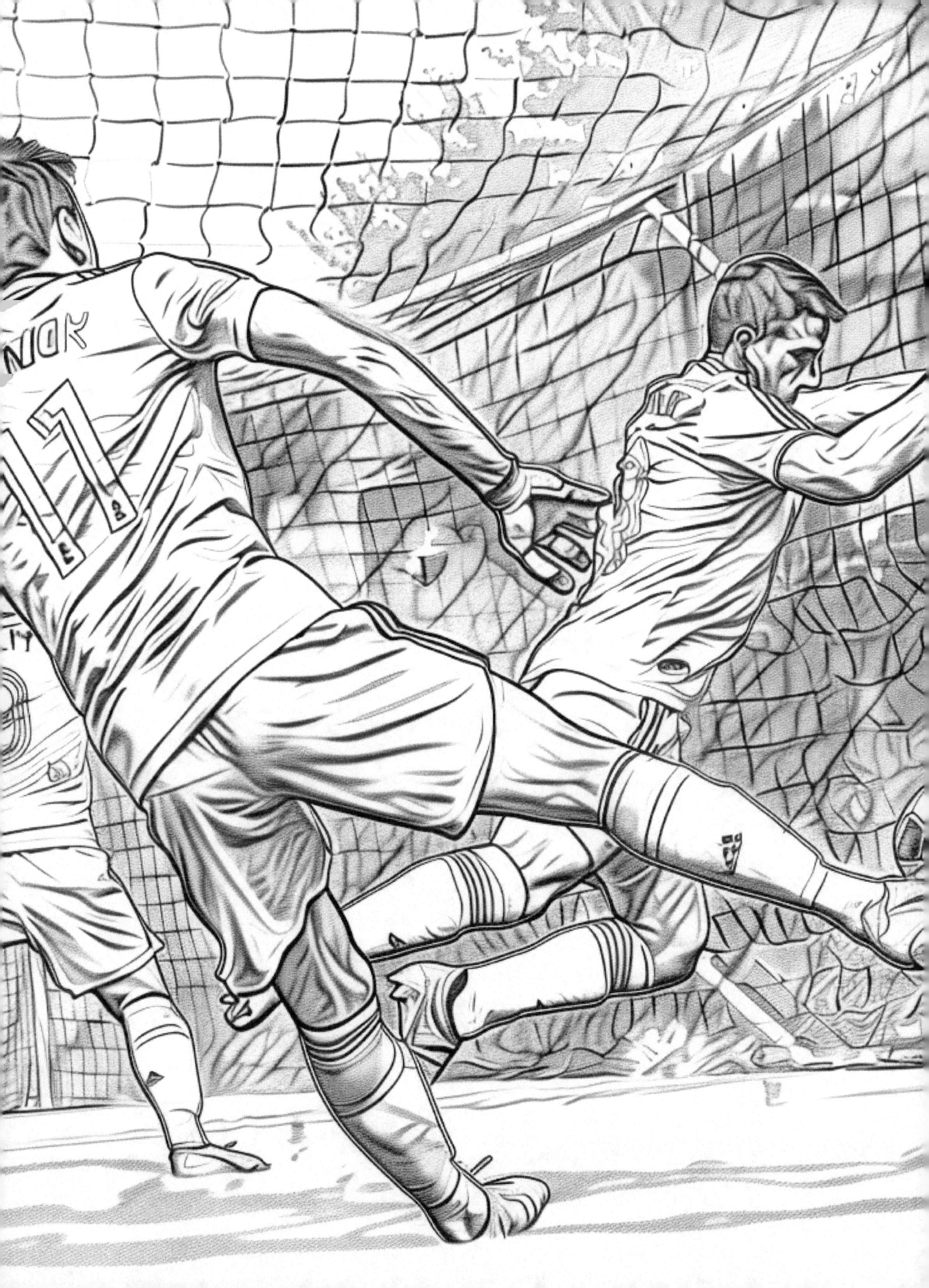

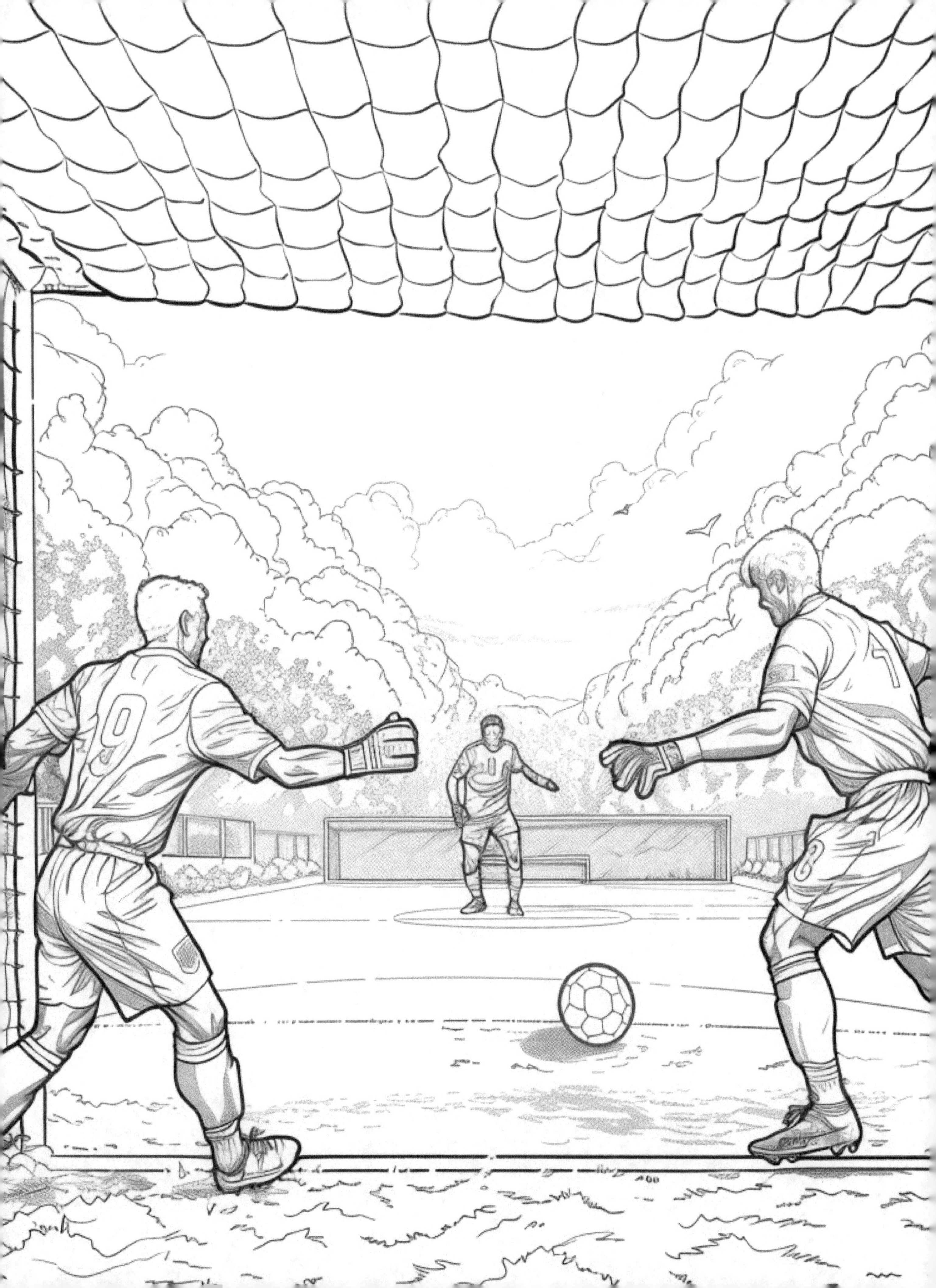

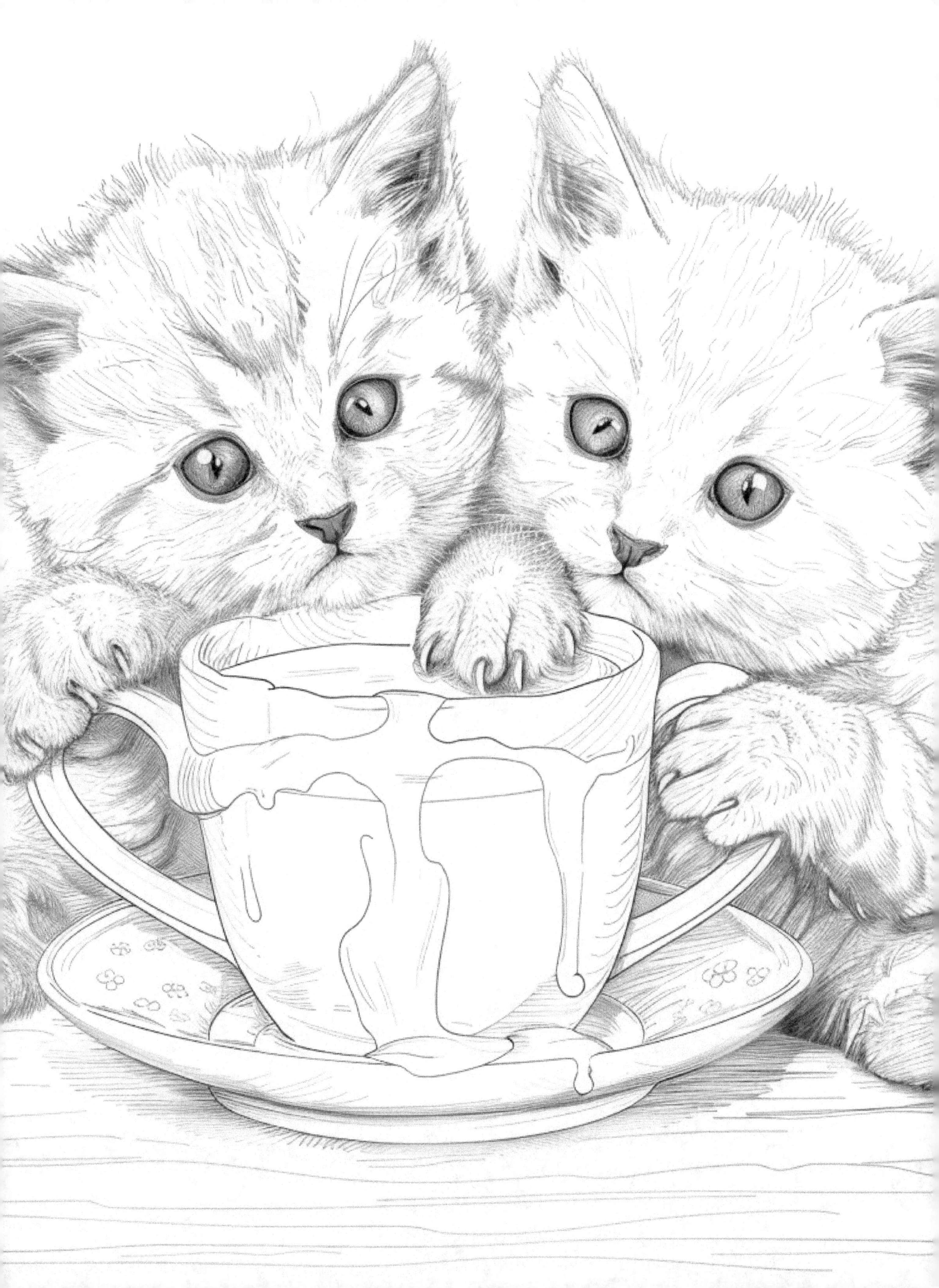

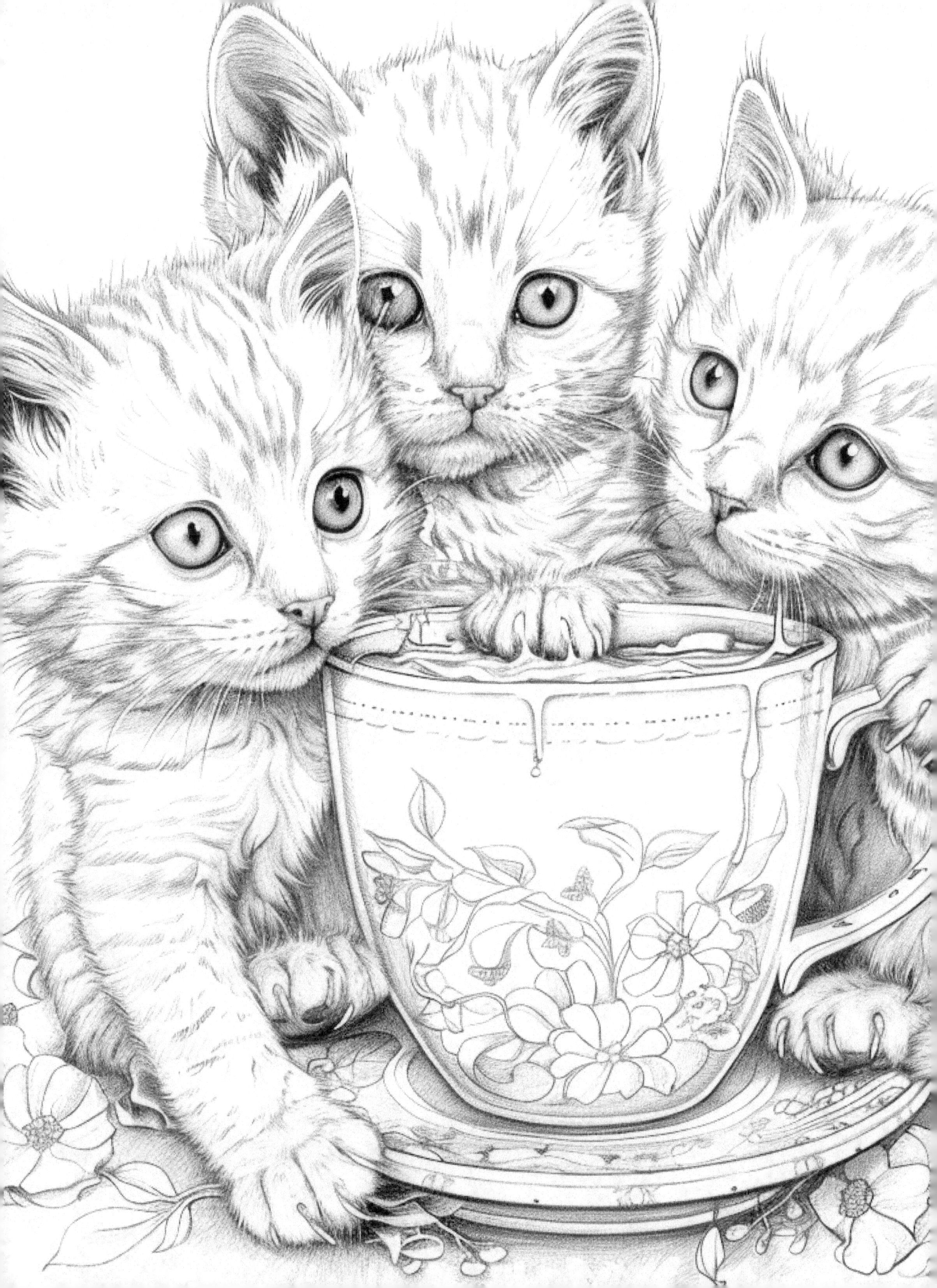

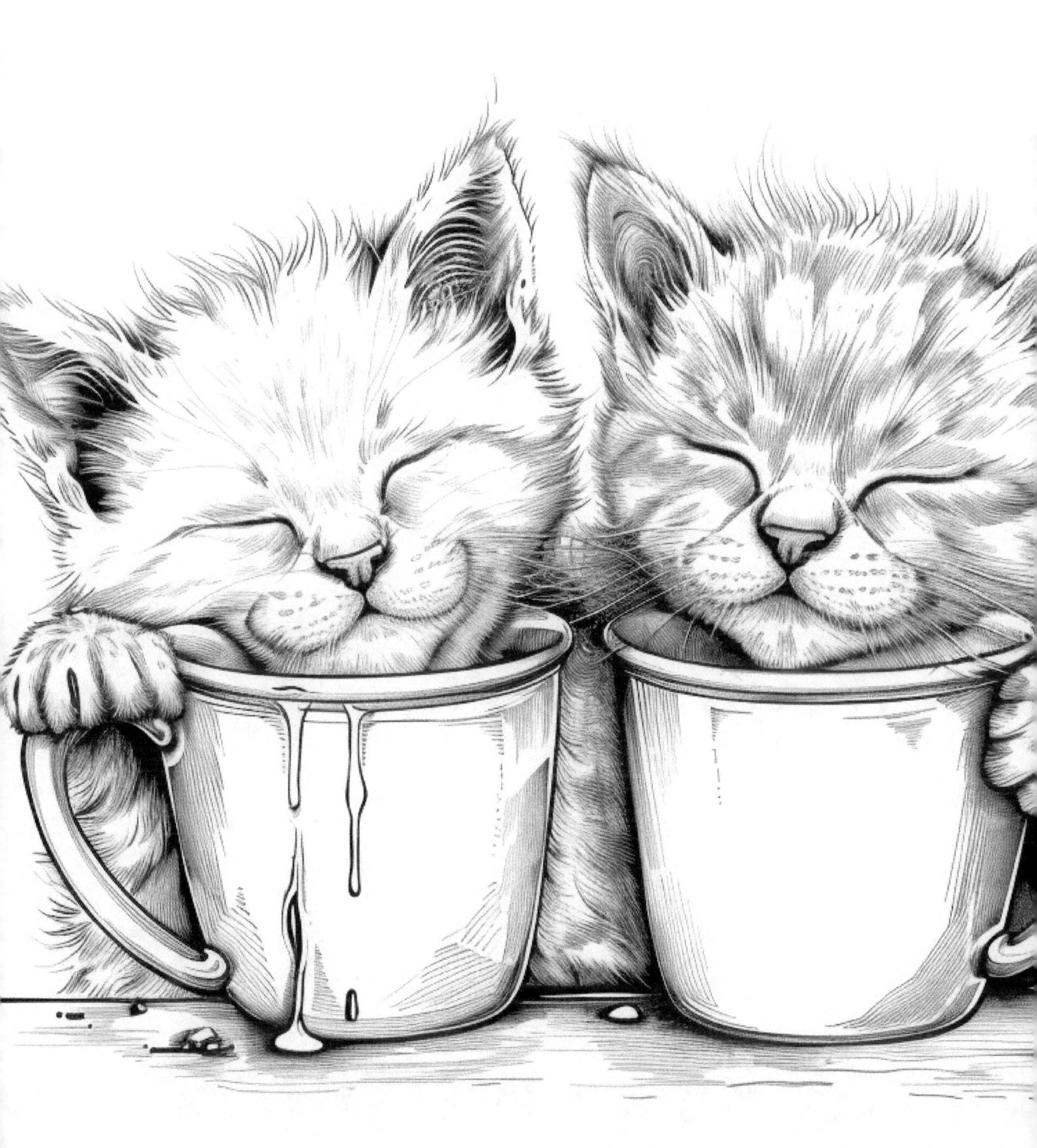

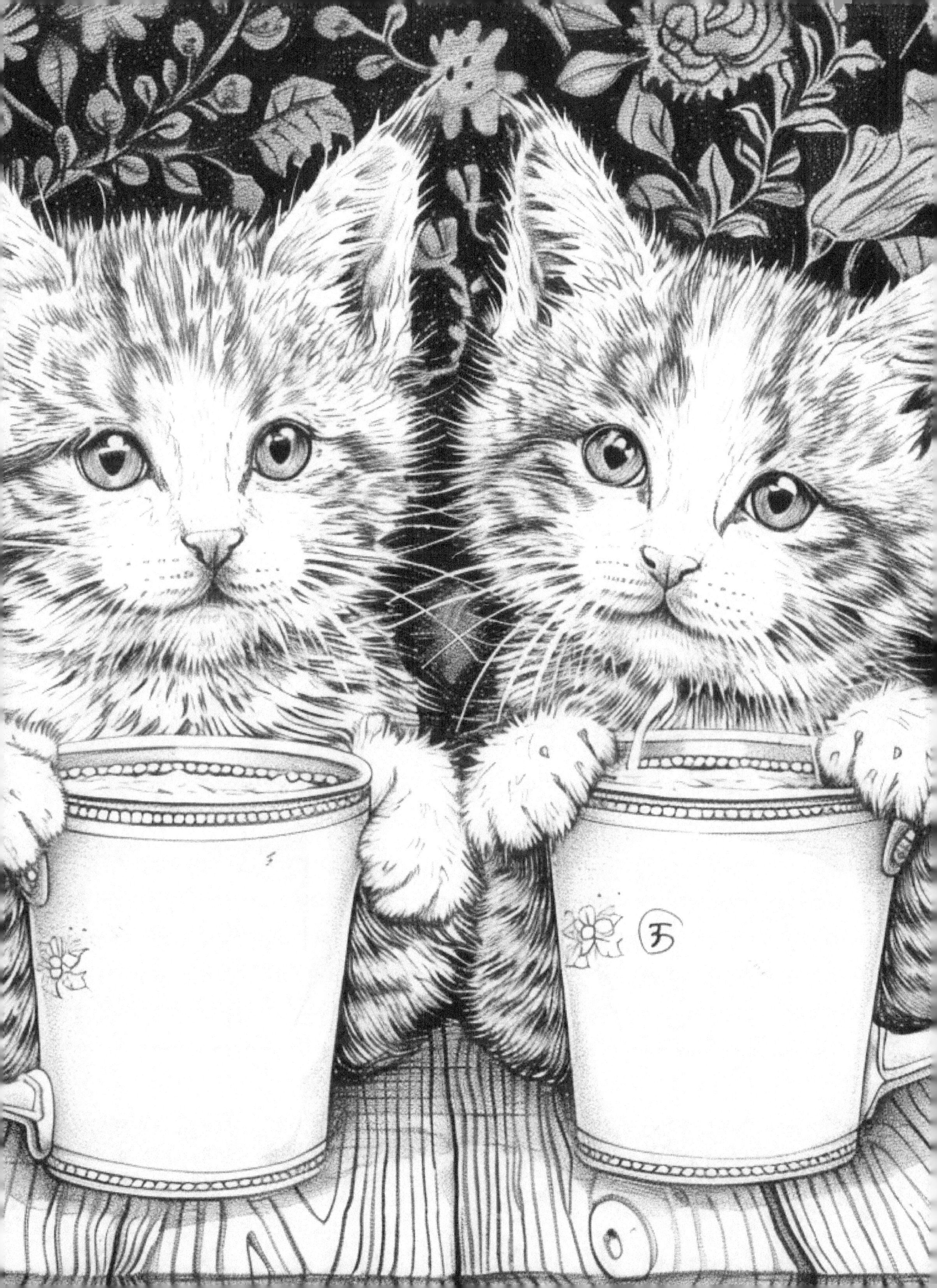

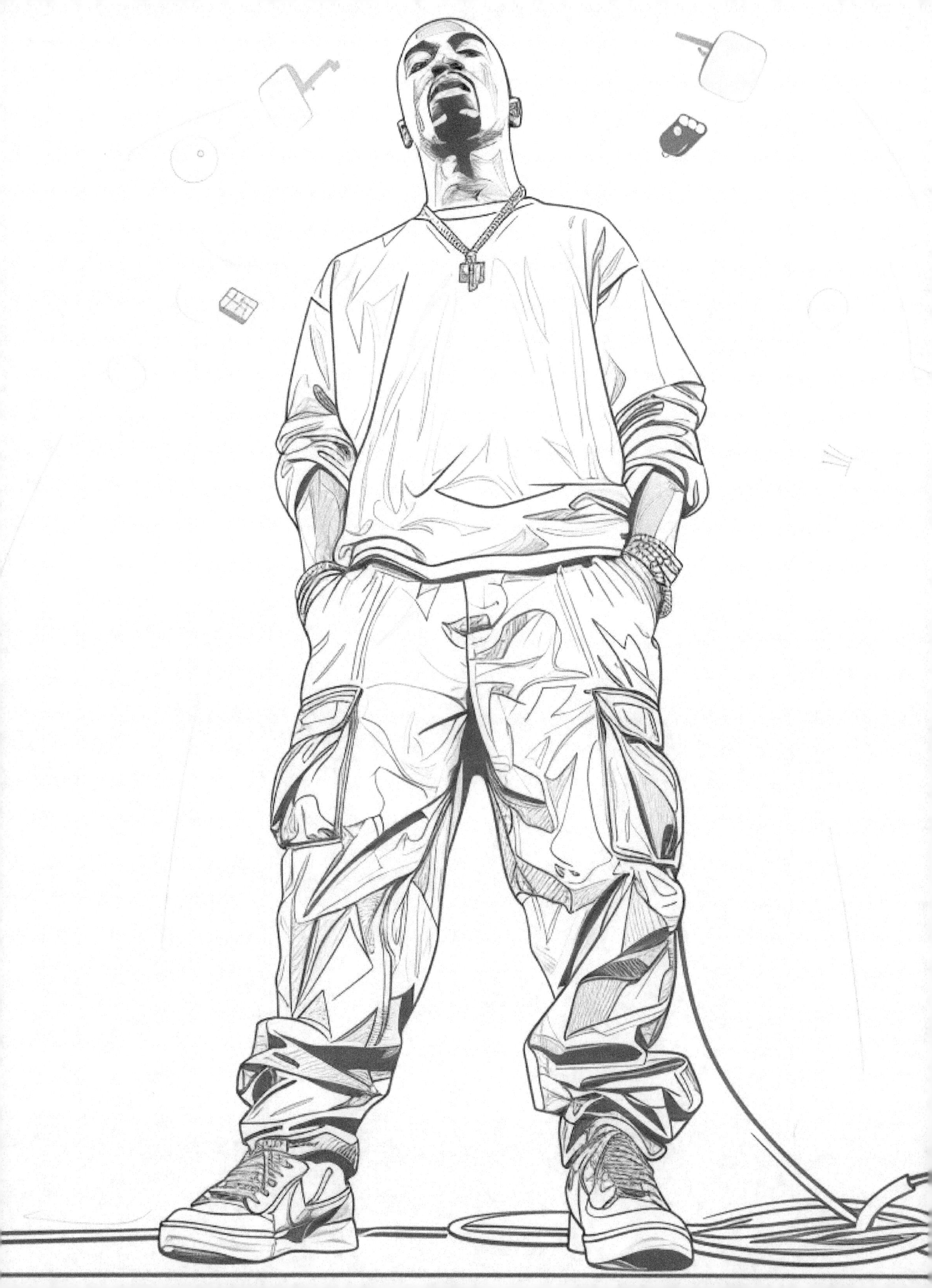

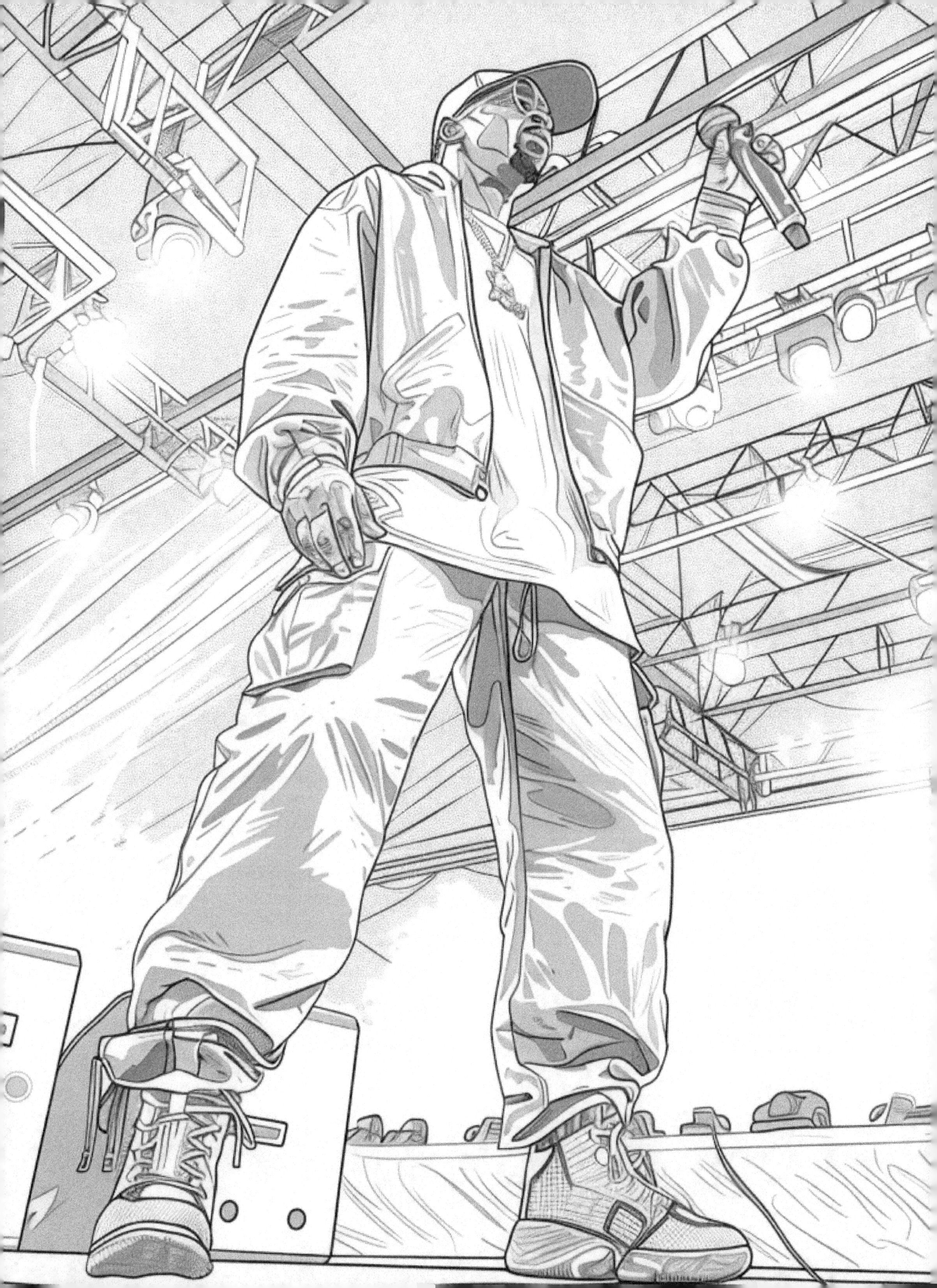

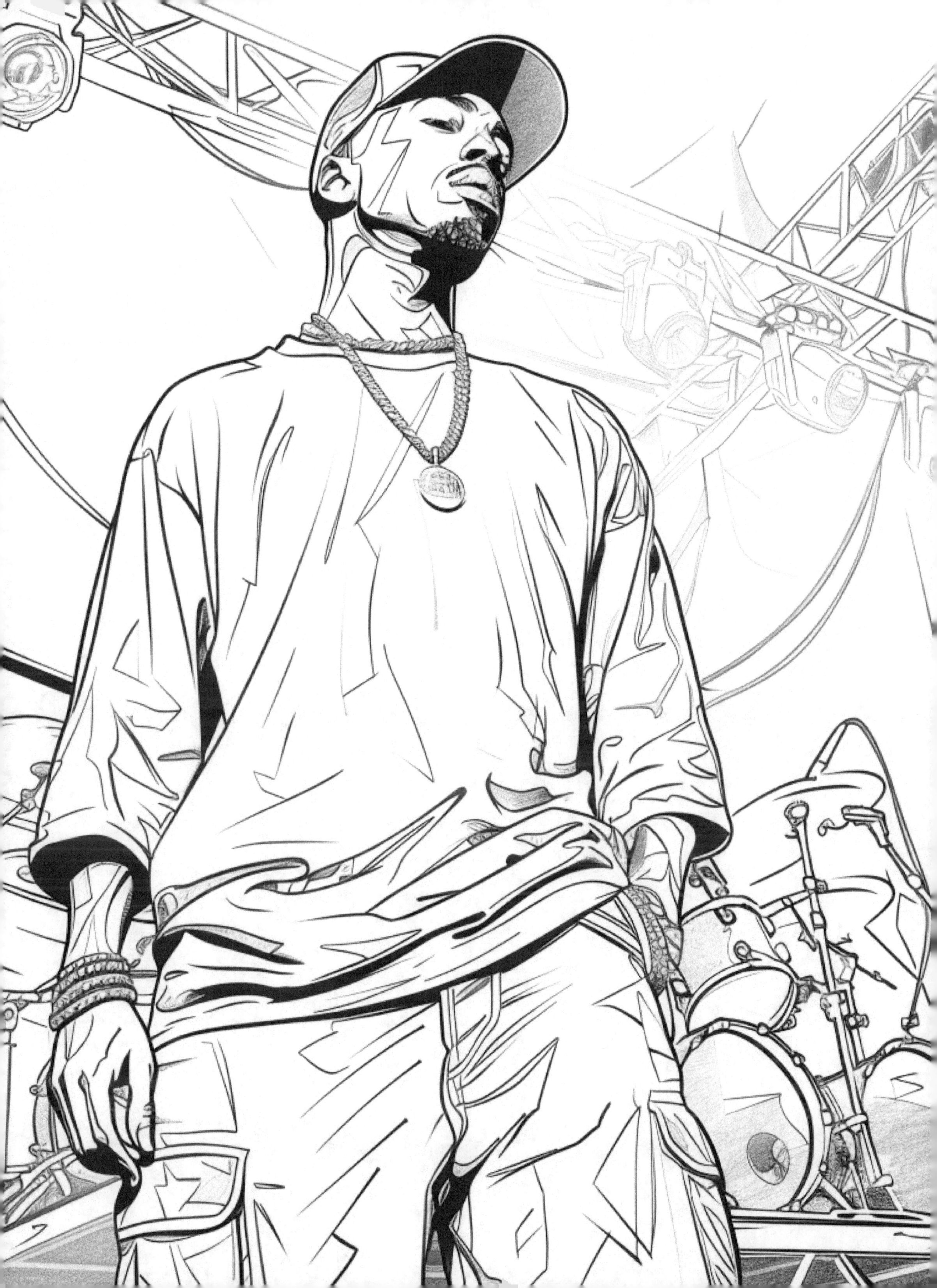

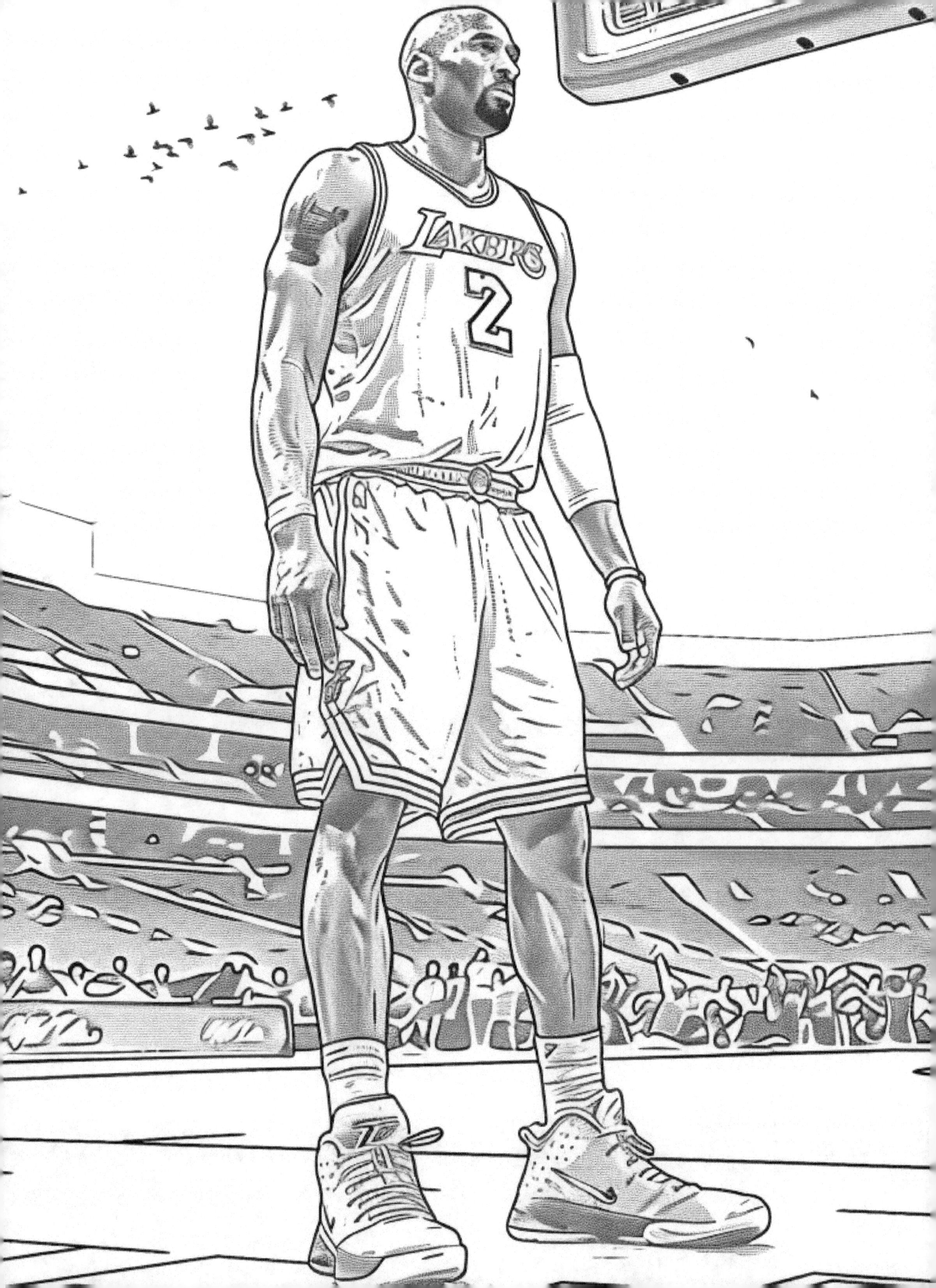
LAKERS
2

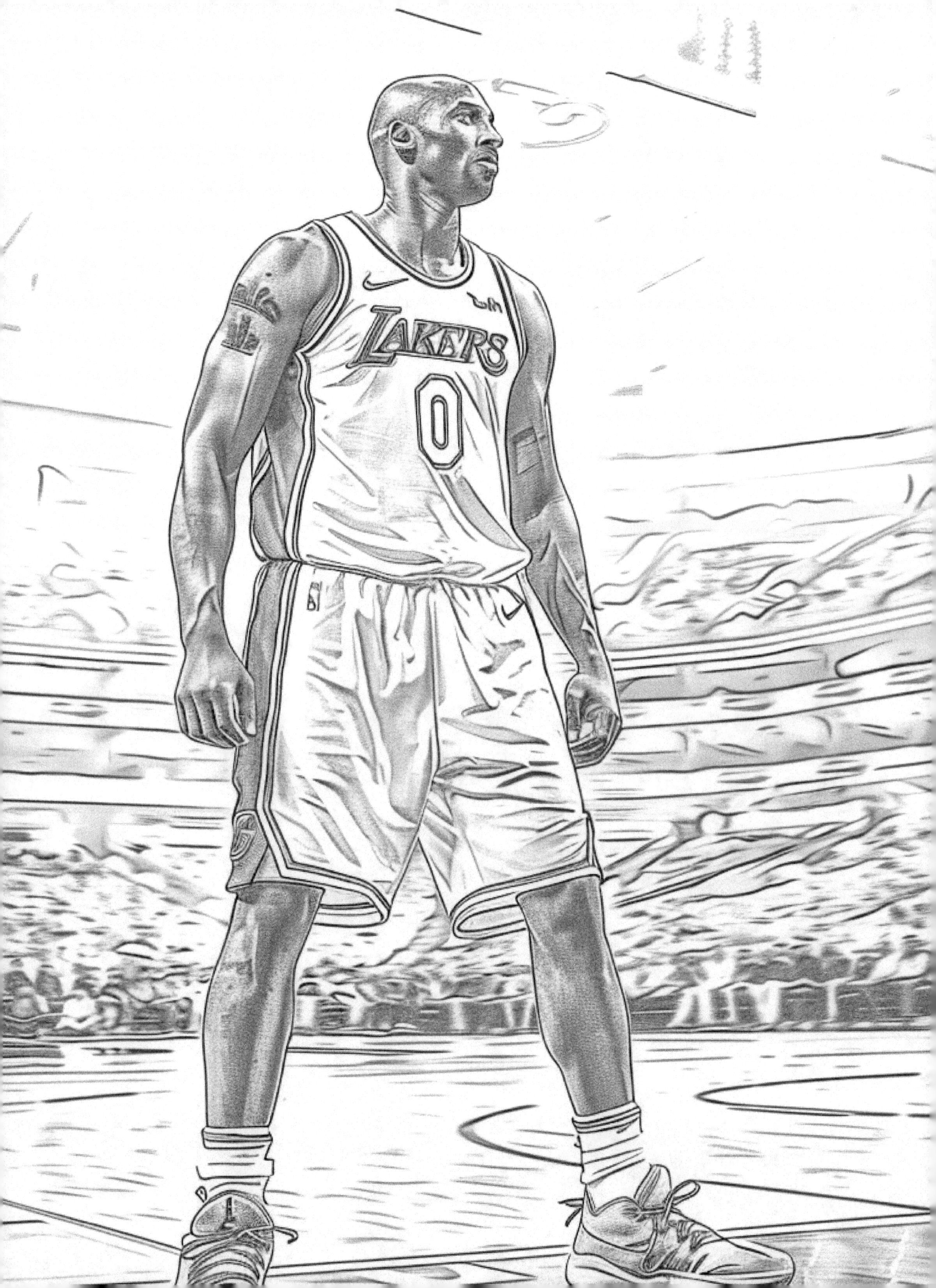

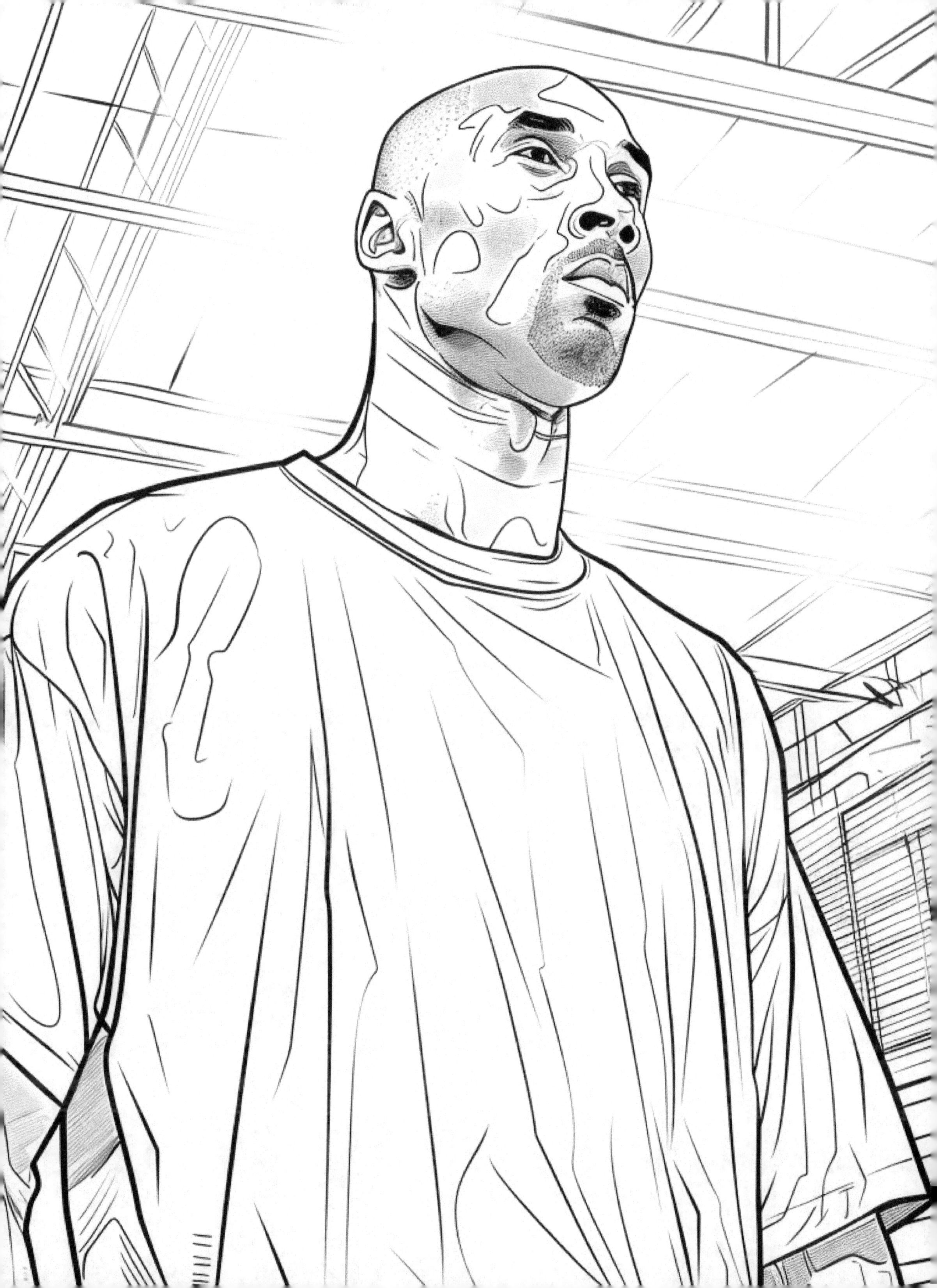

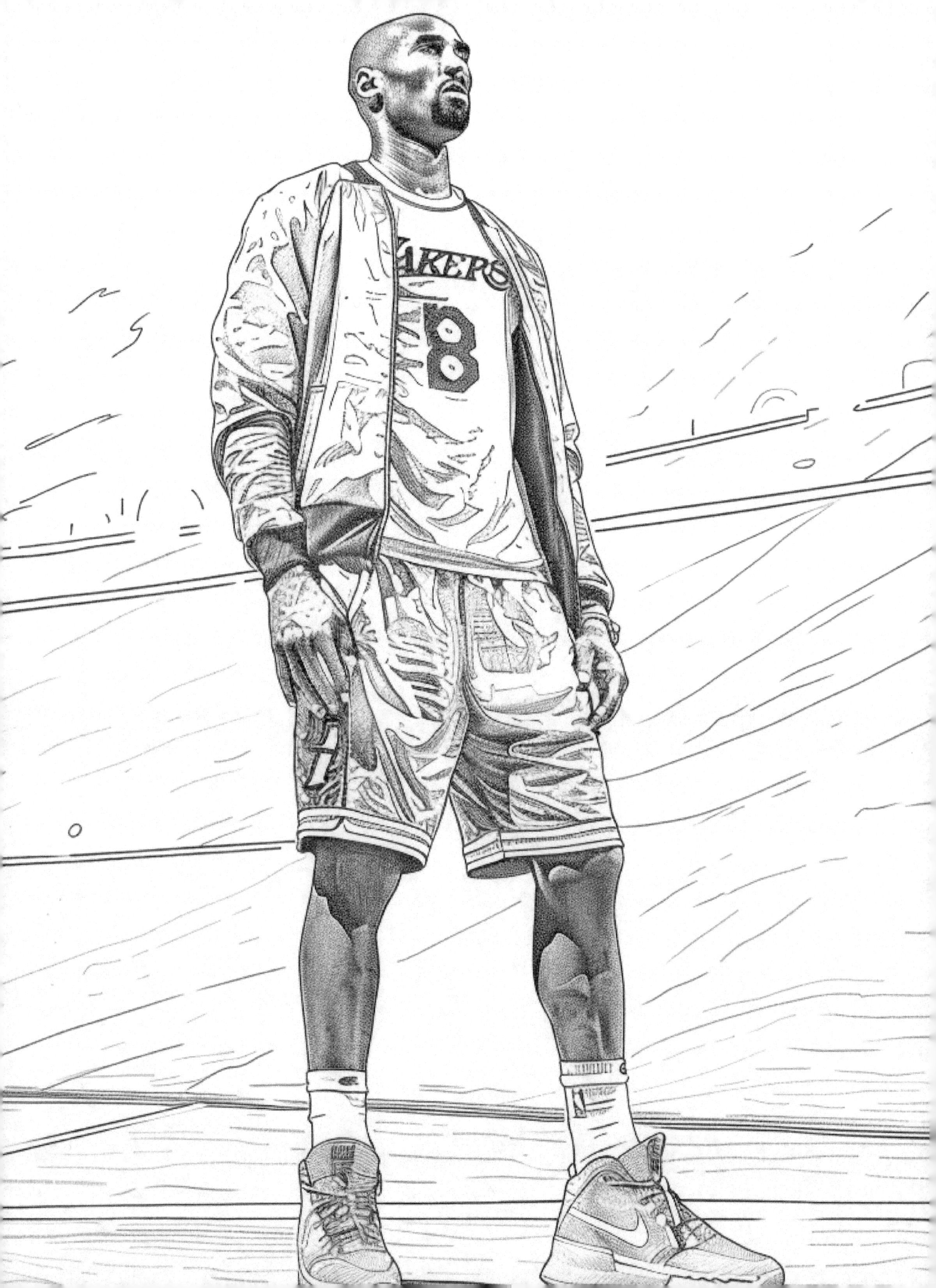

LAKERS
8

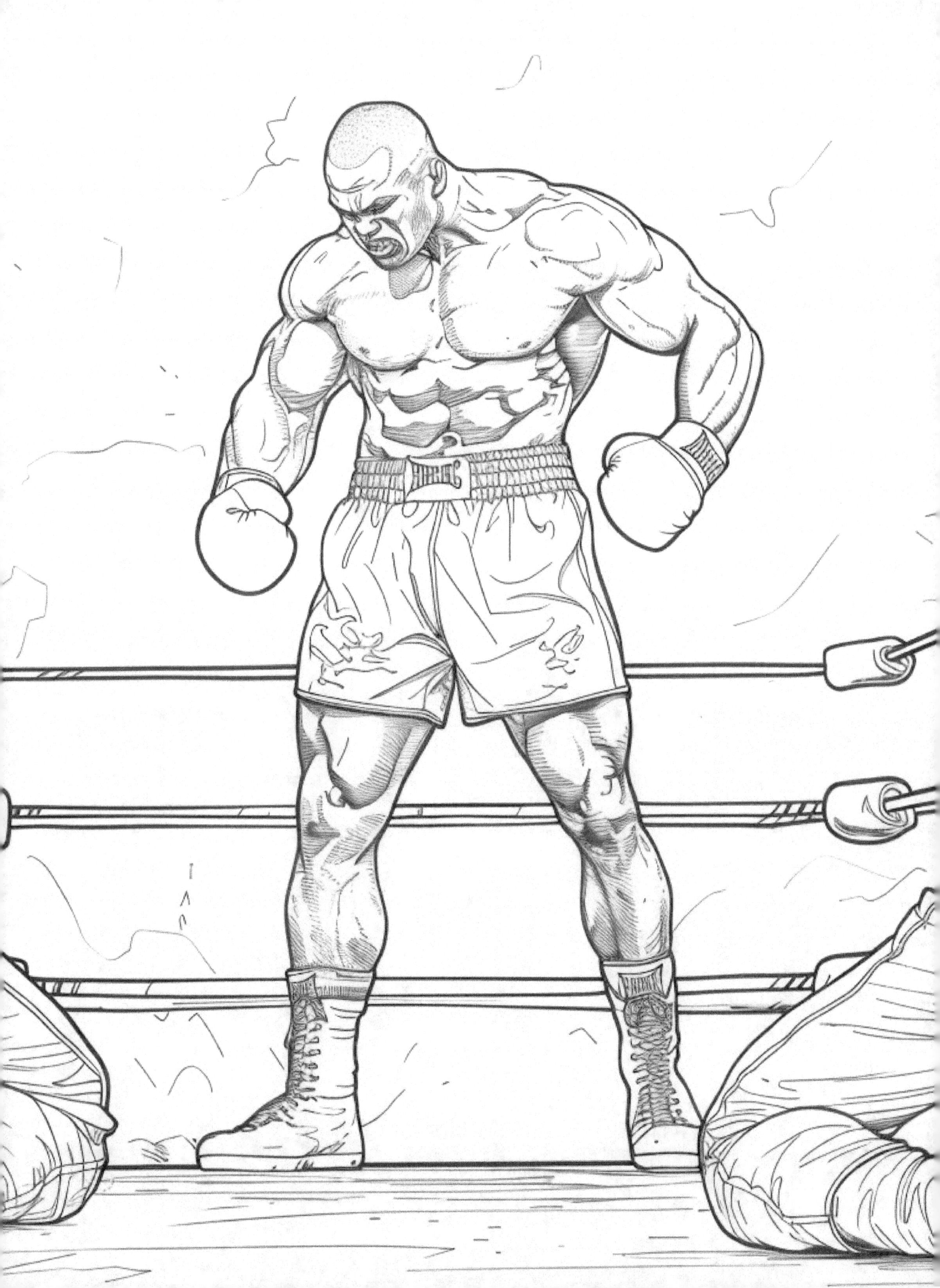

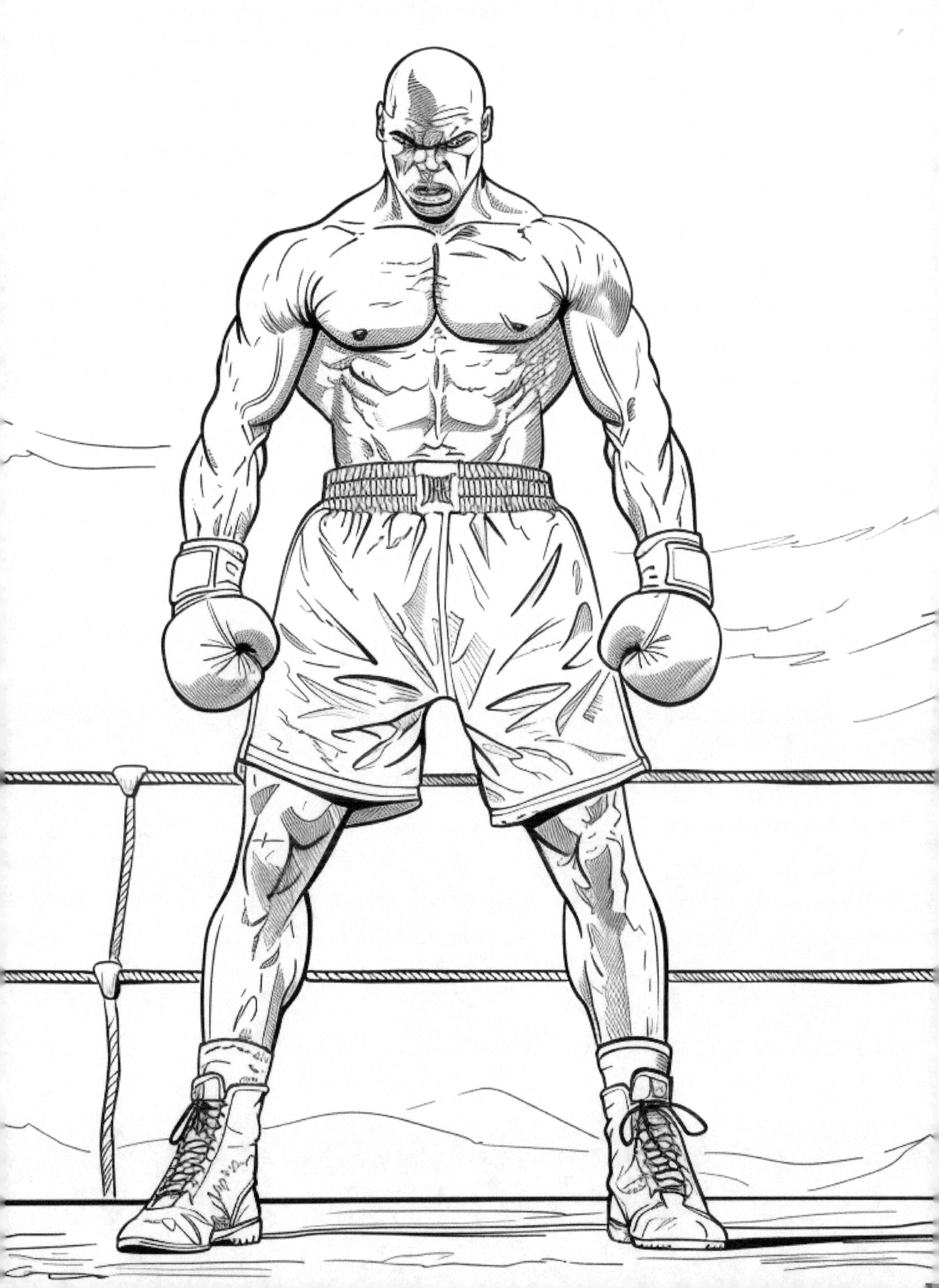

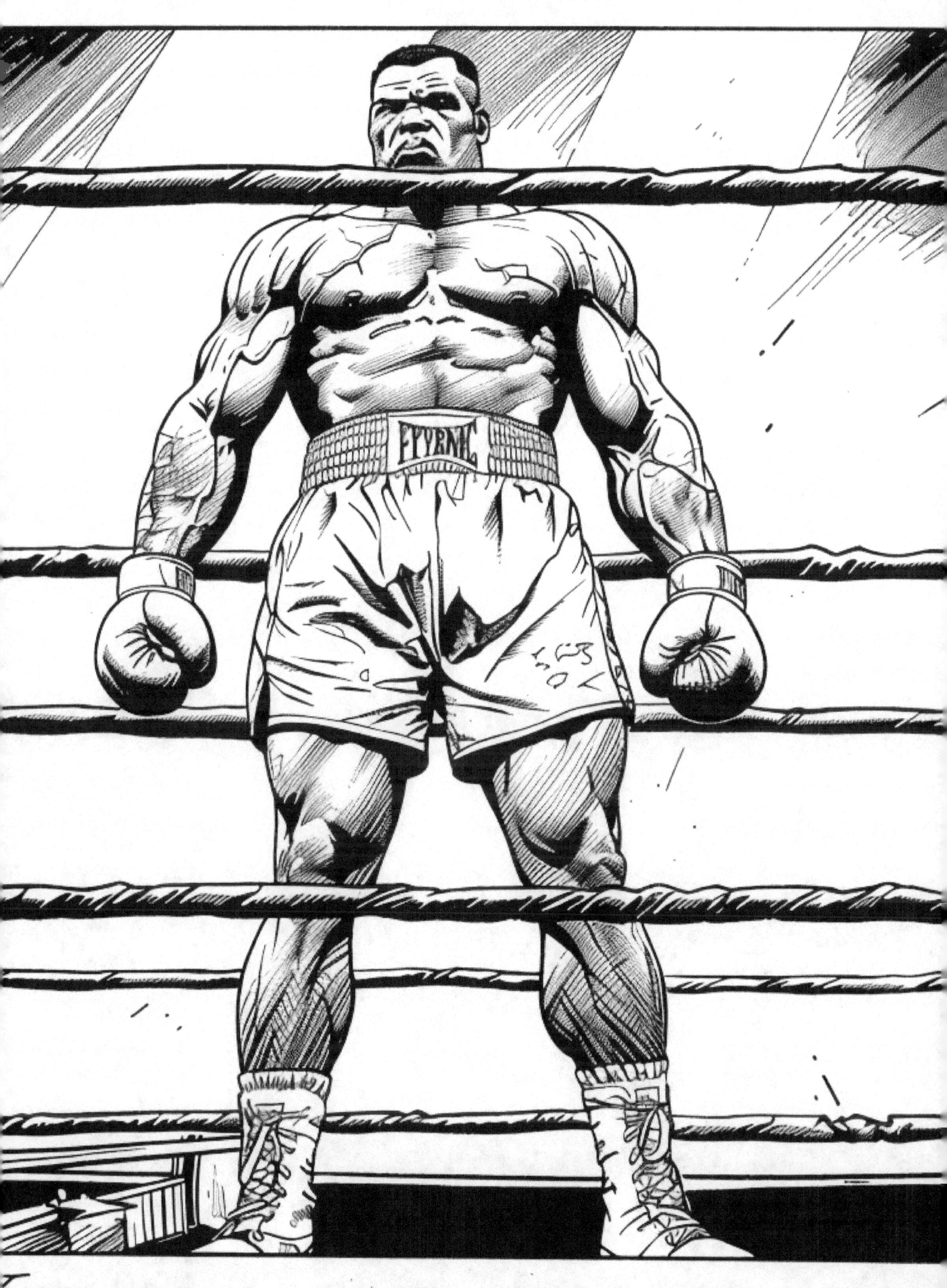
FTYRNC

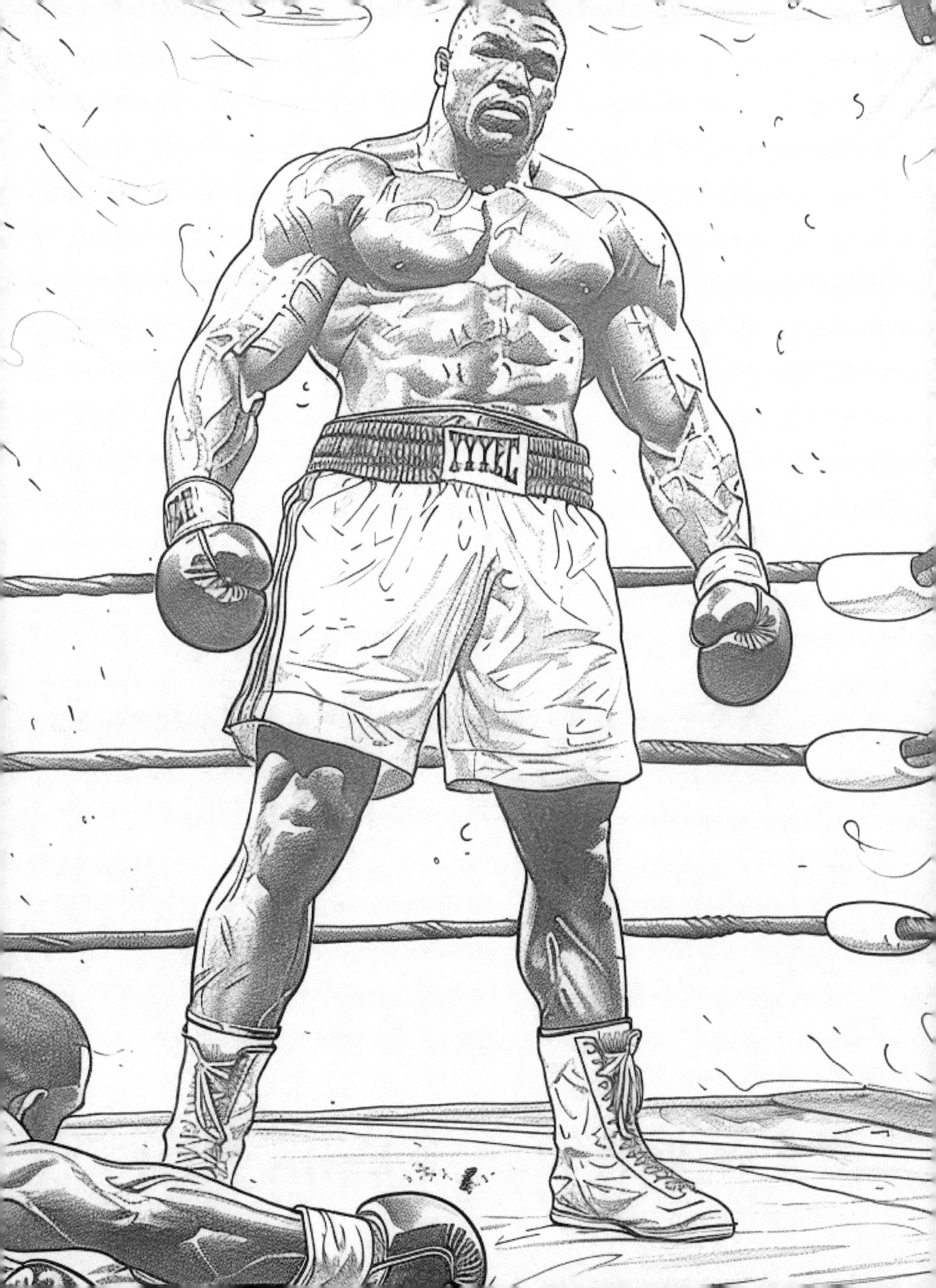

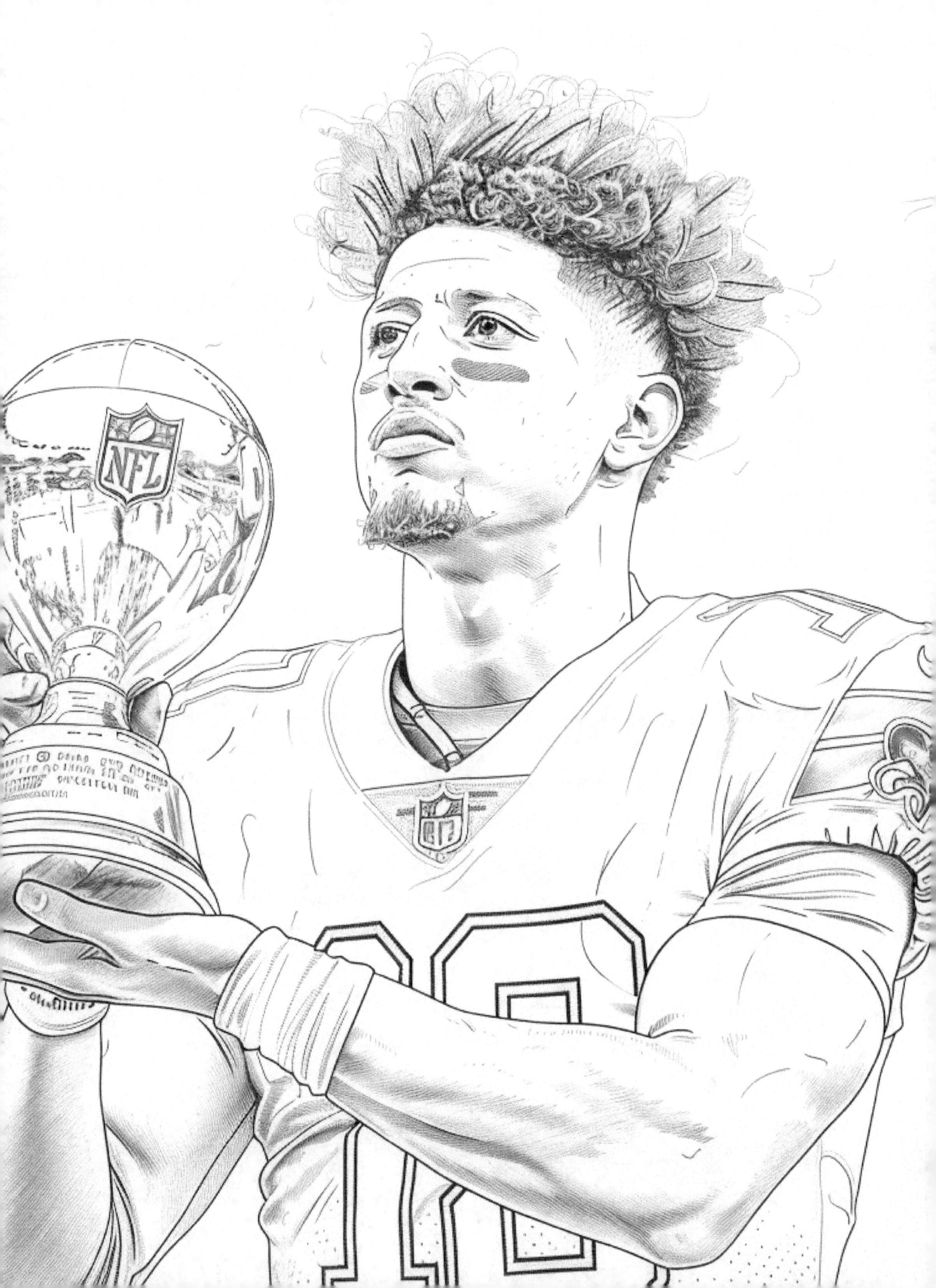

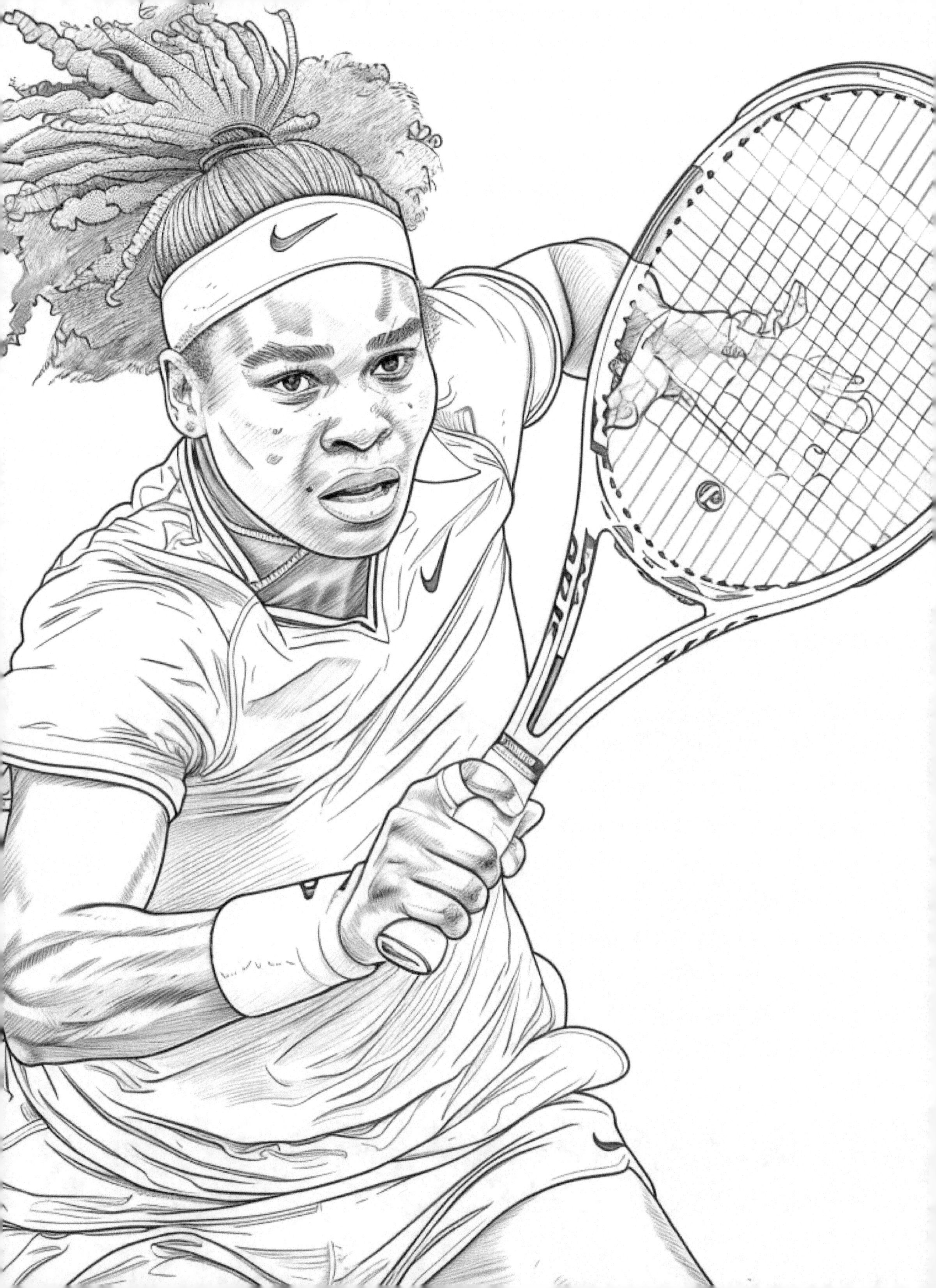

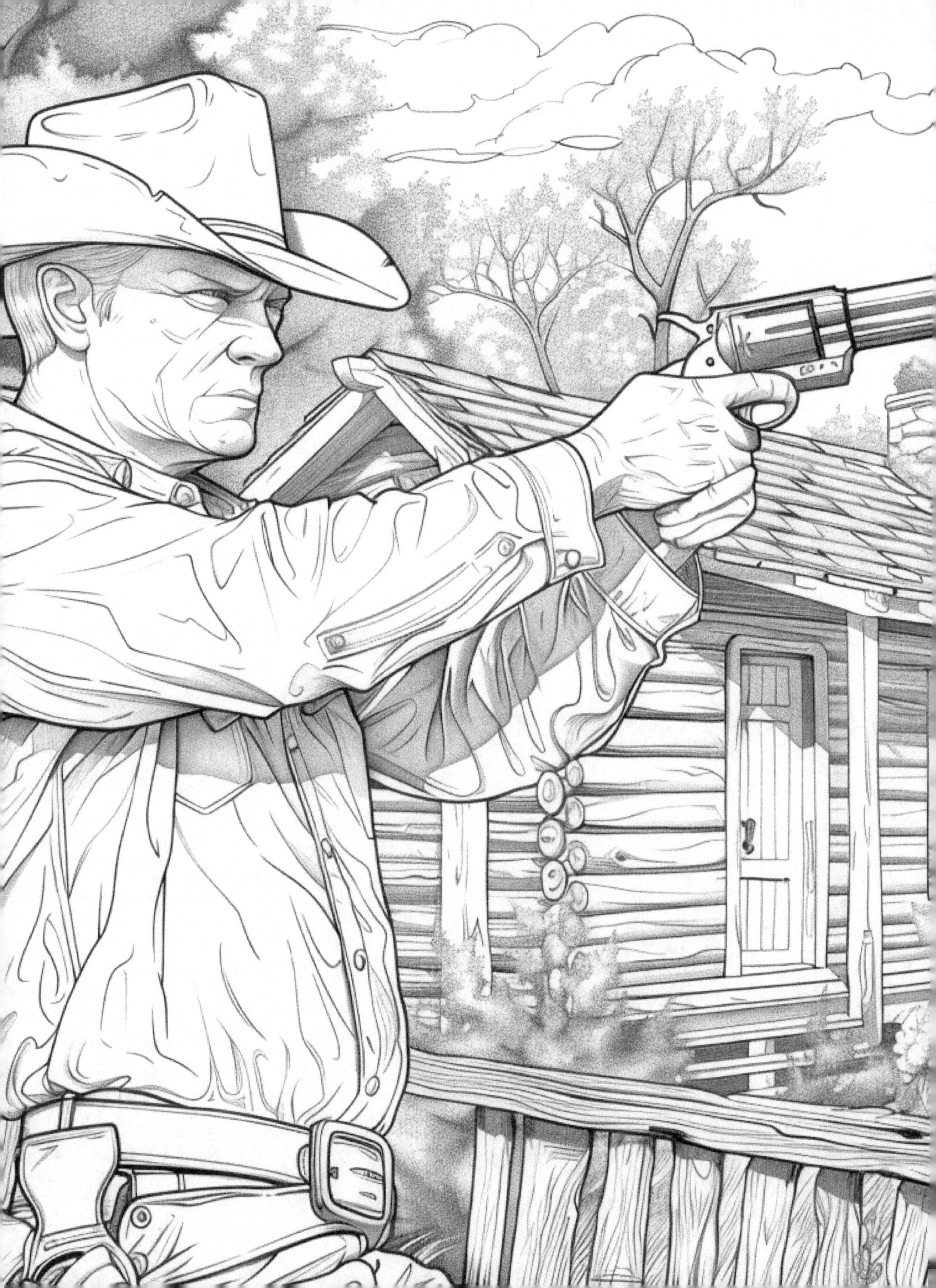

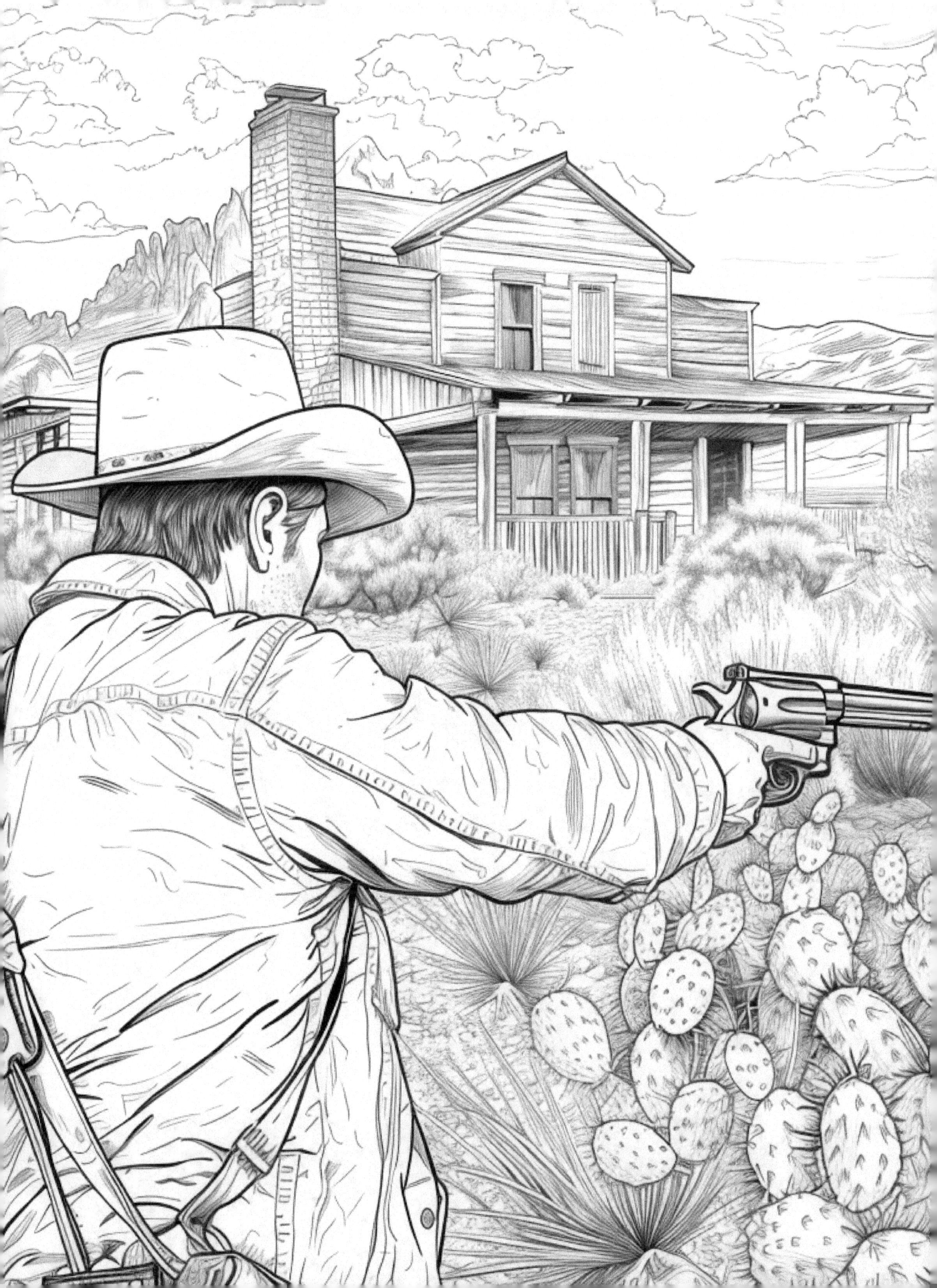

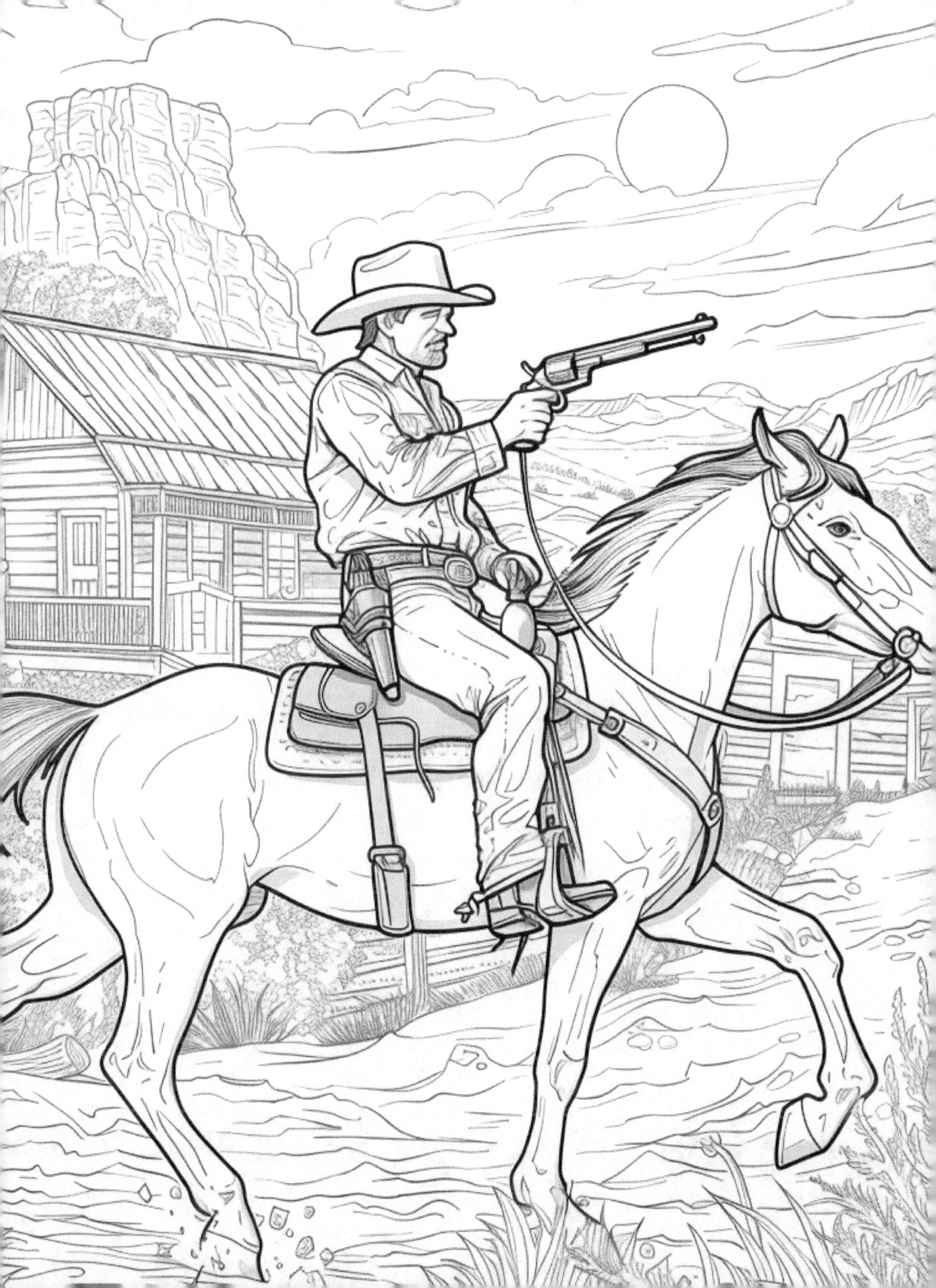

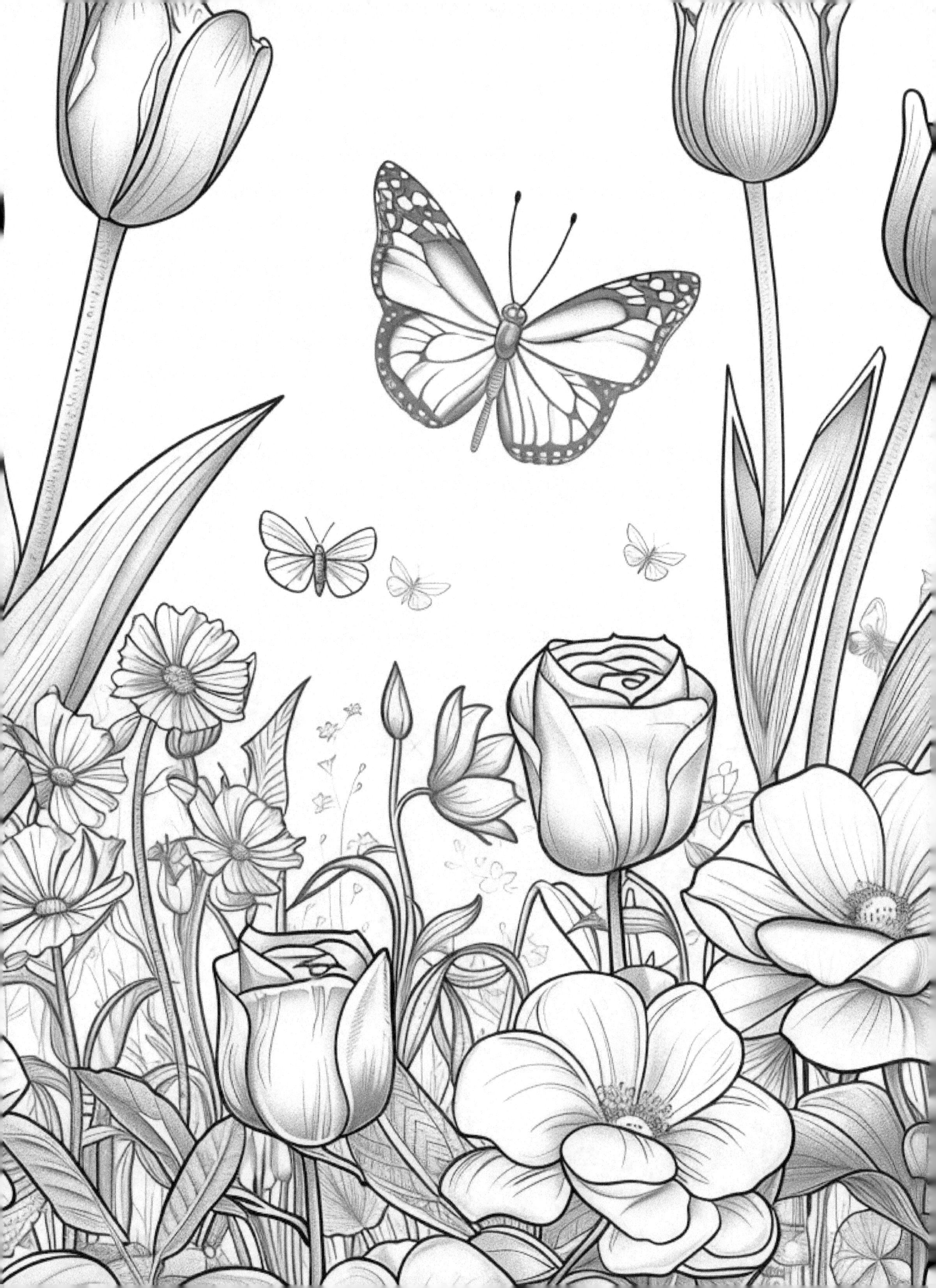

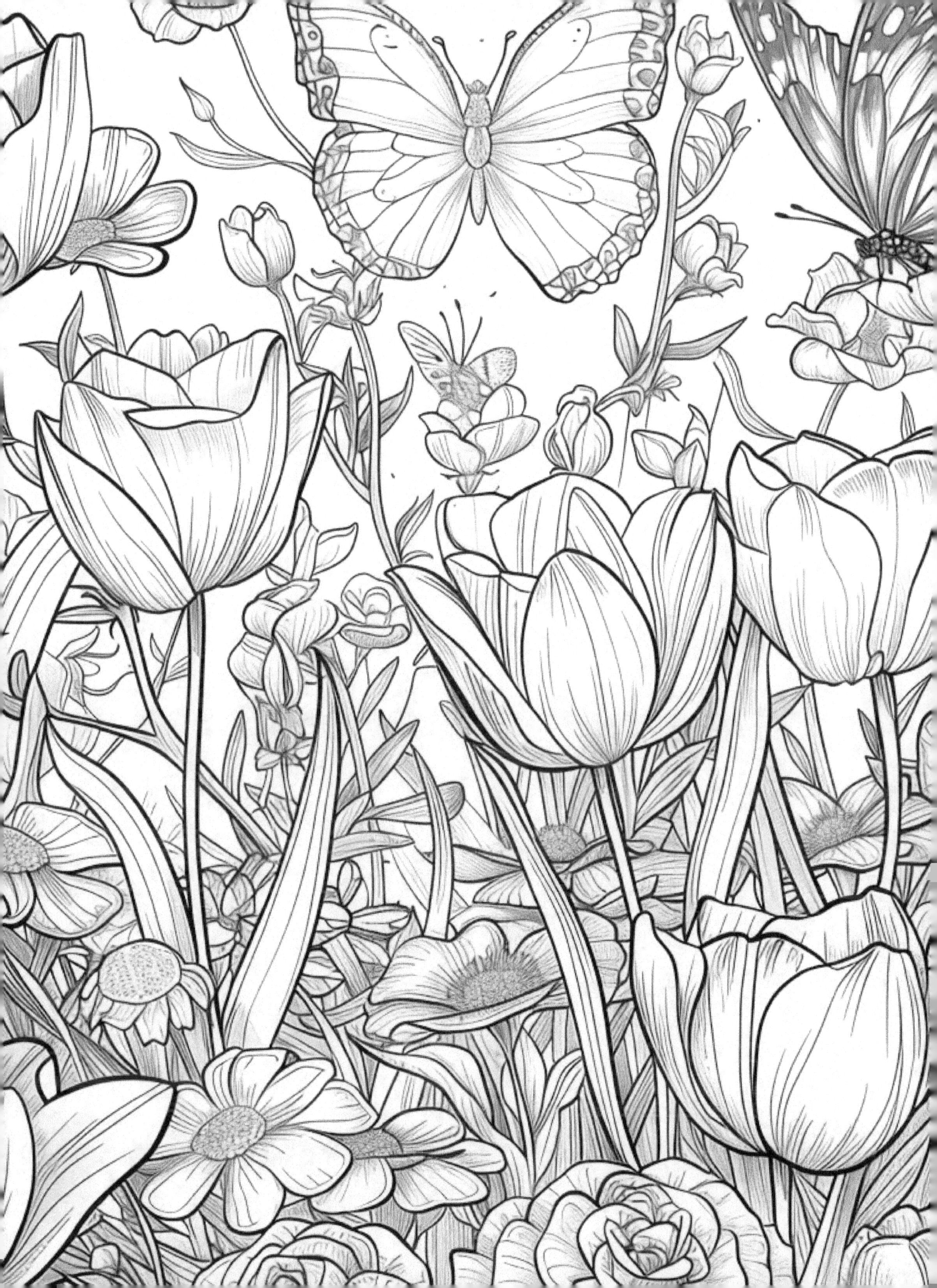

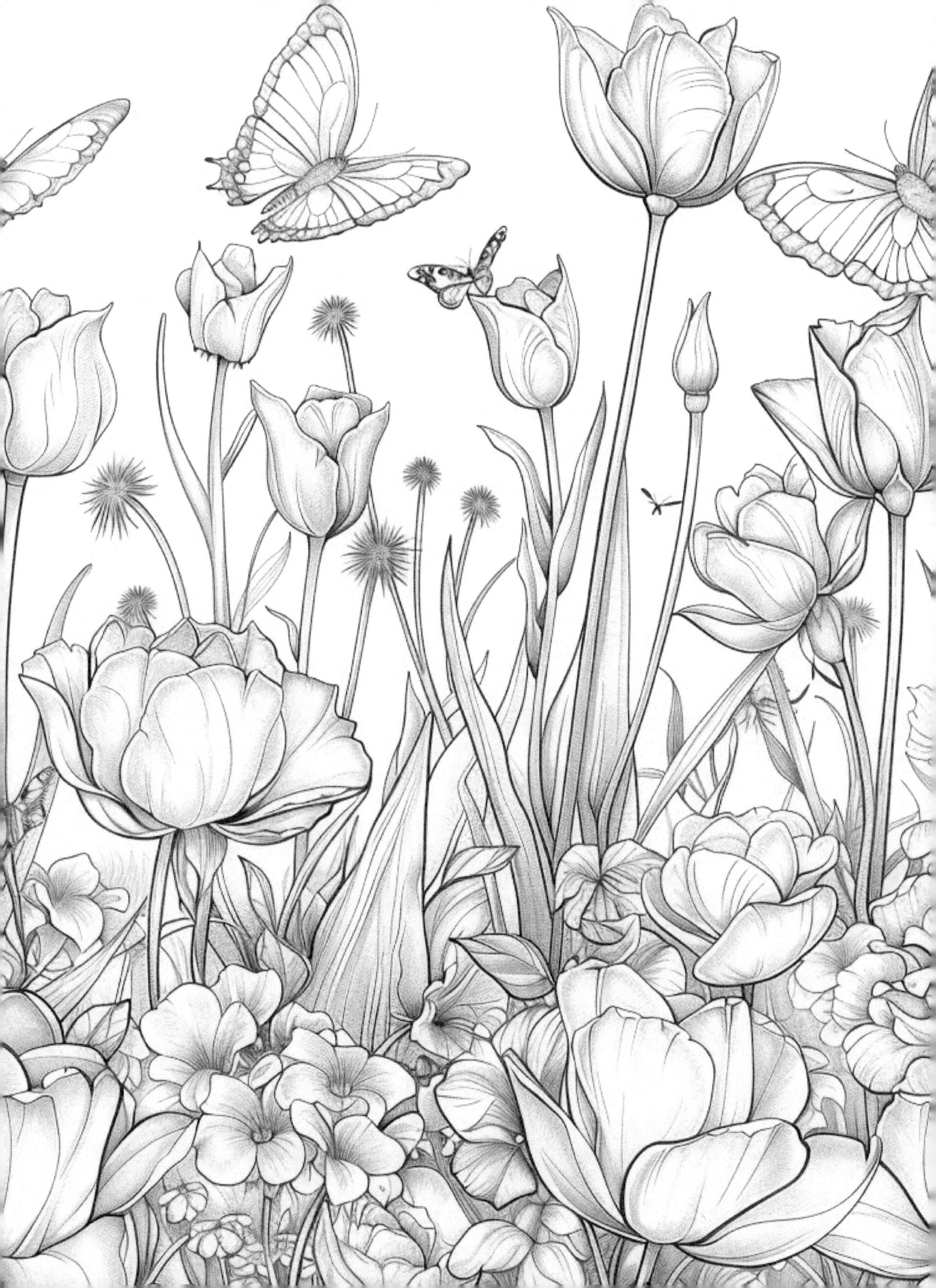

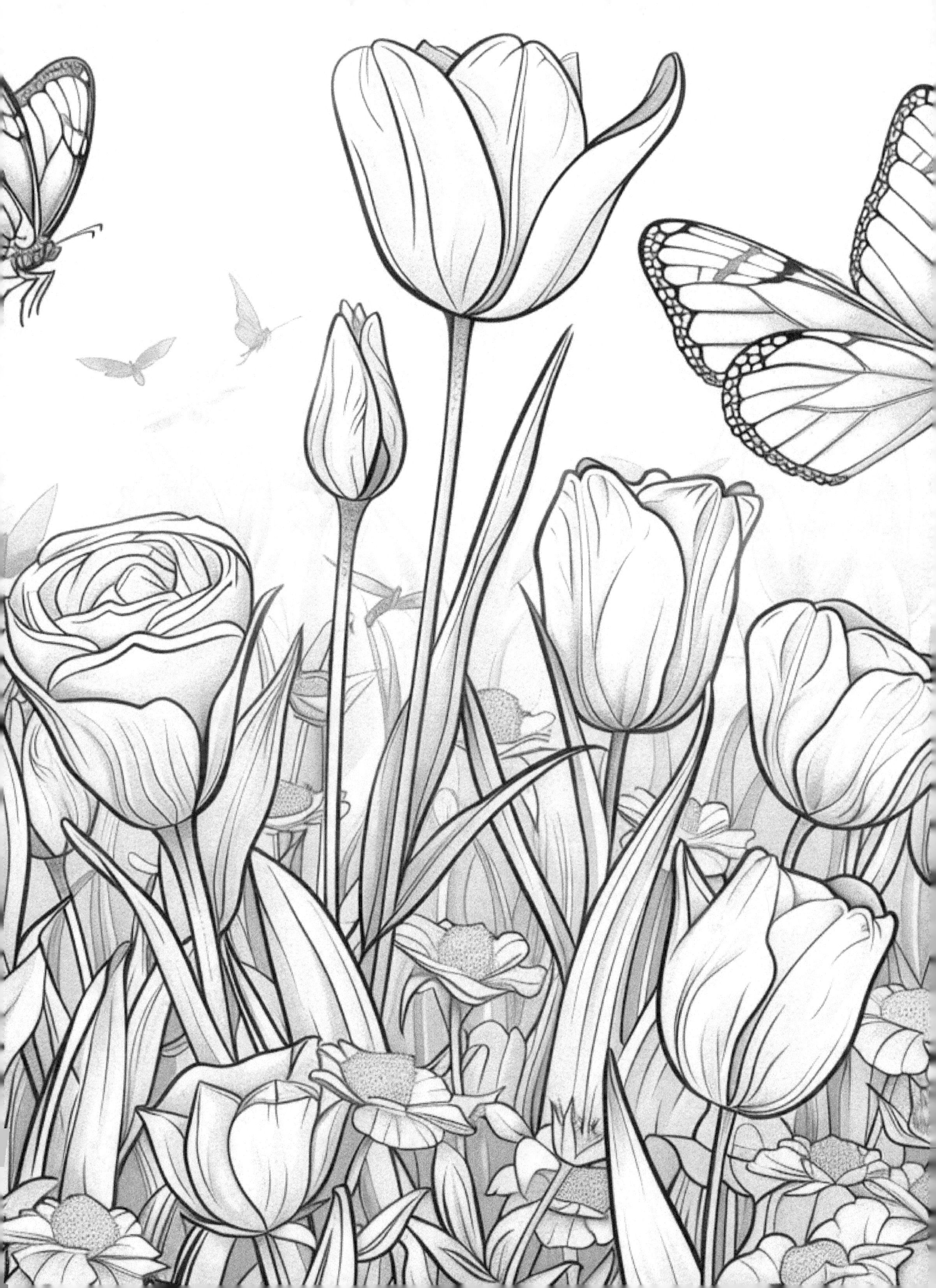

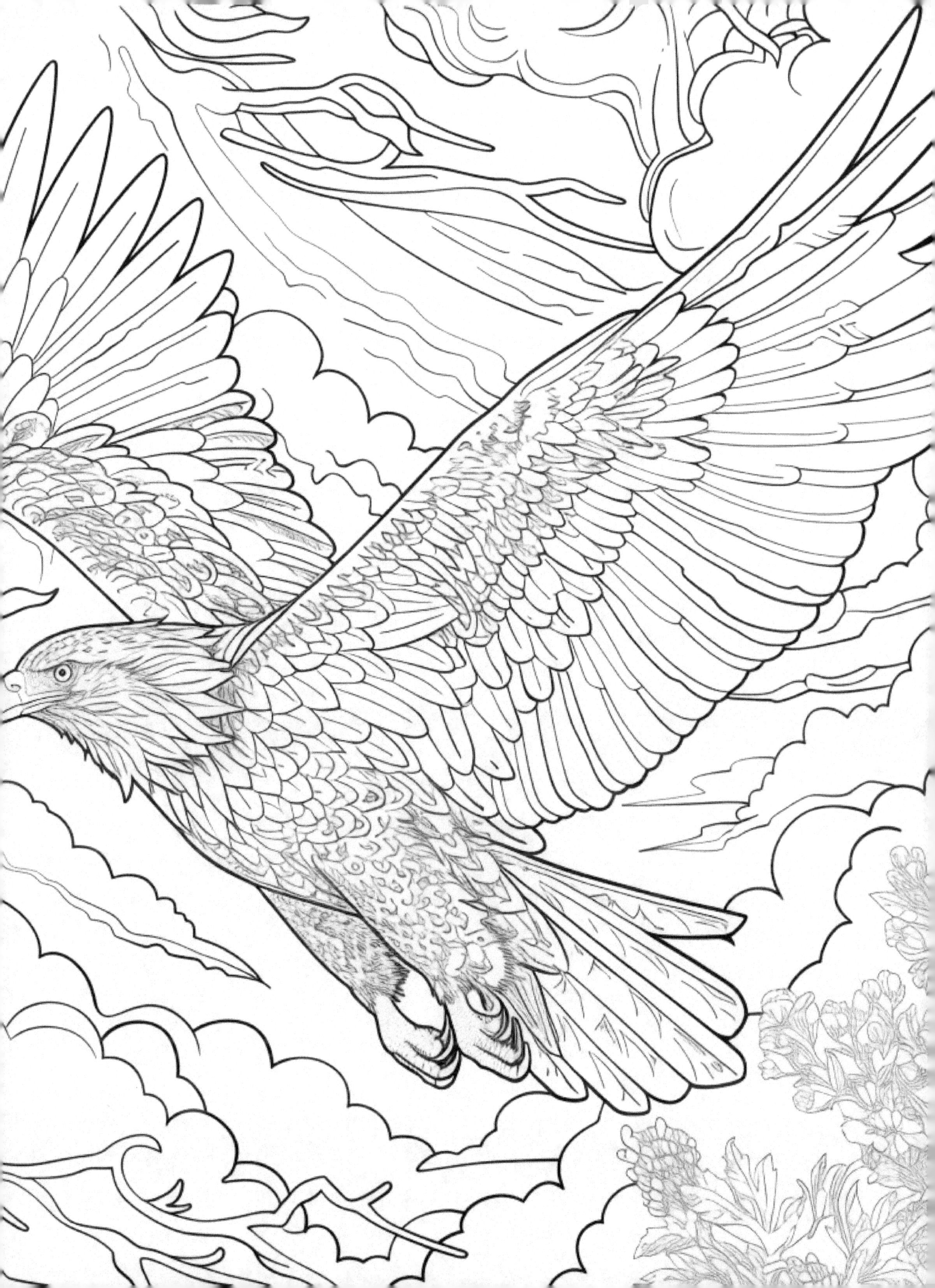

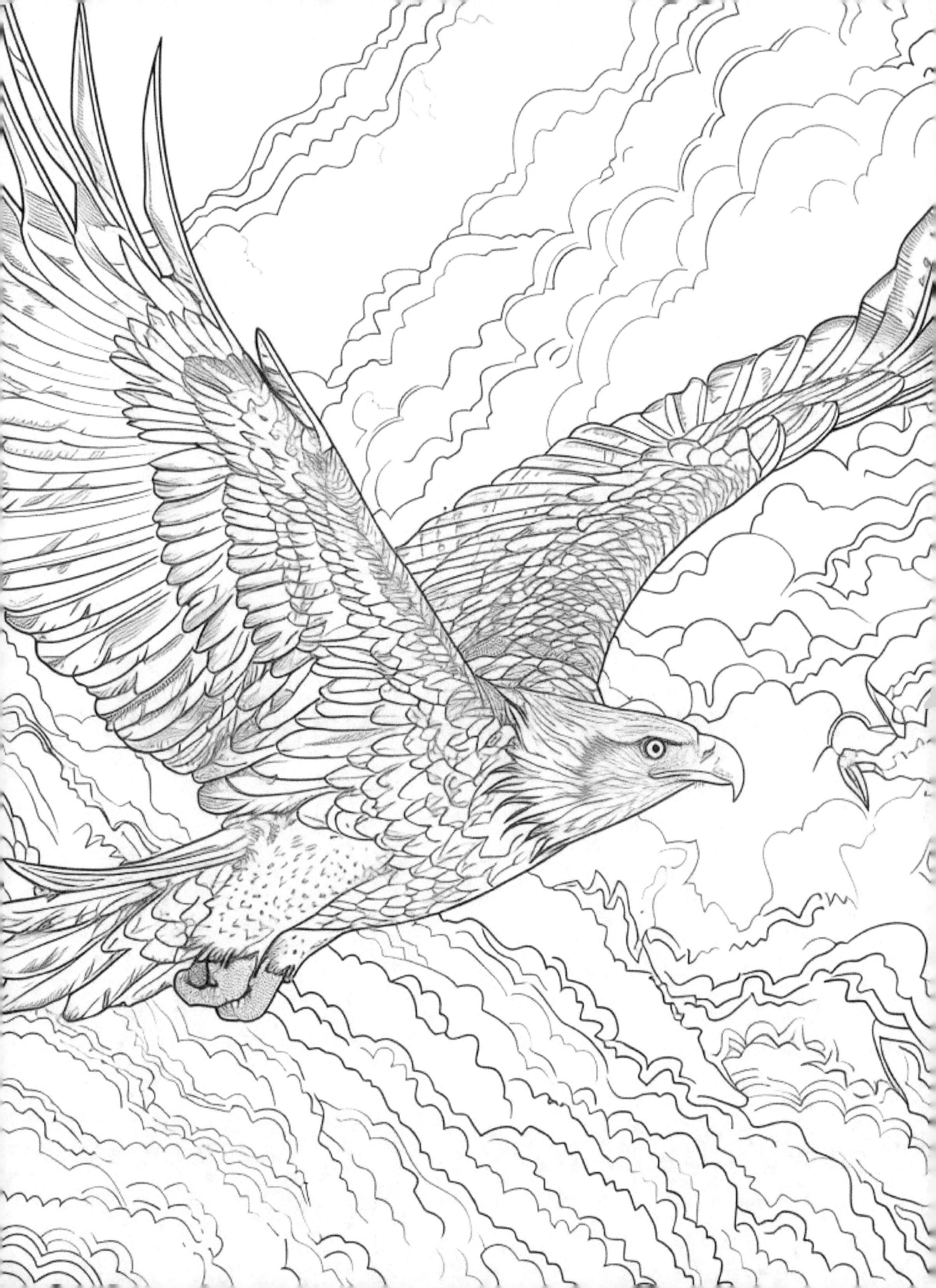

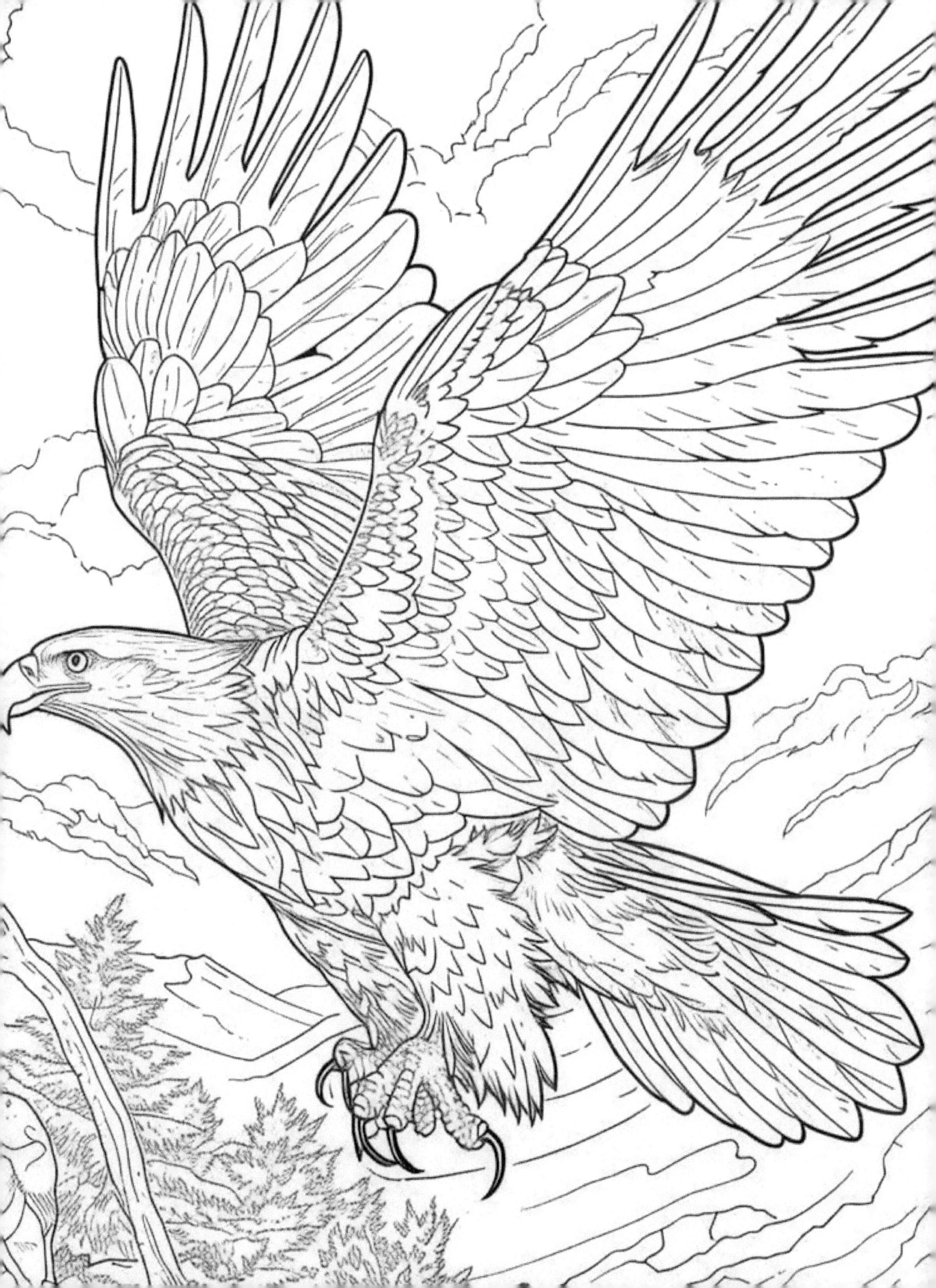

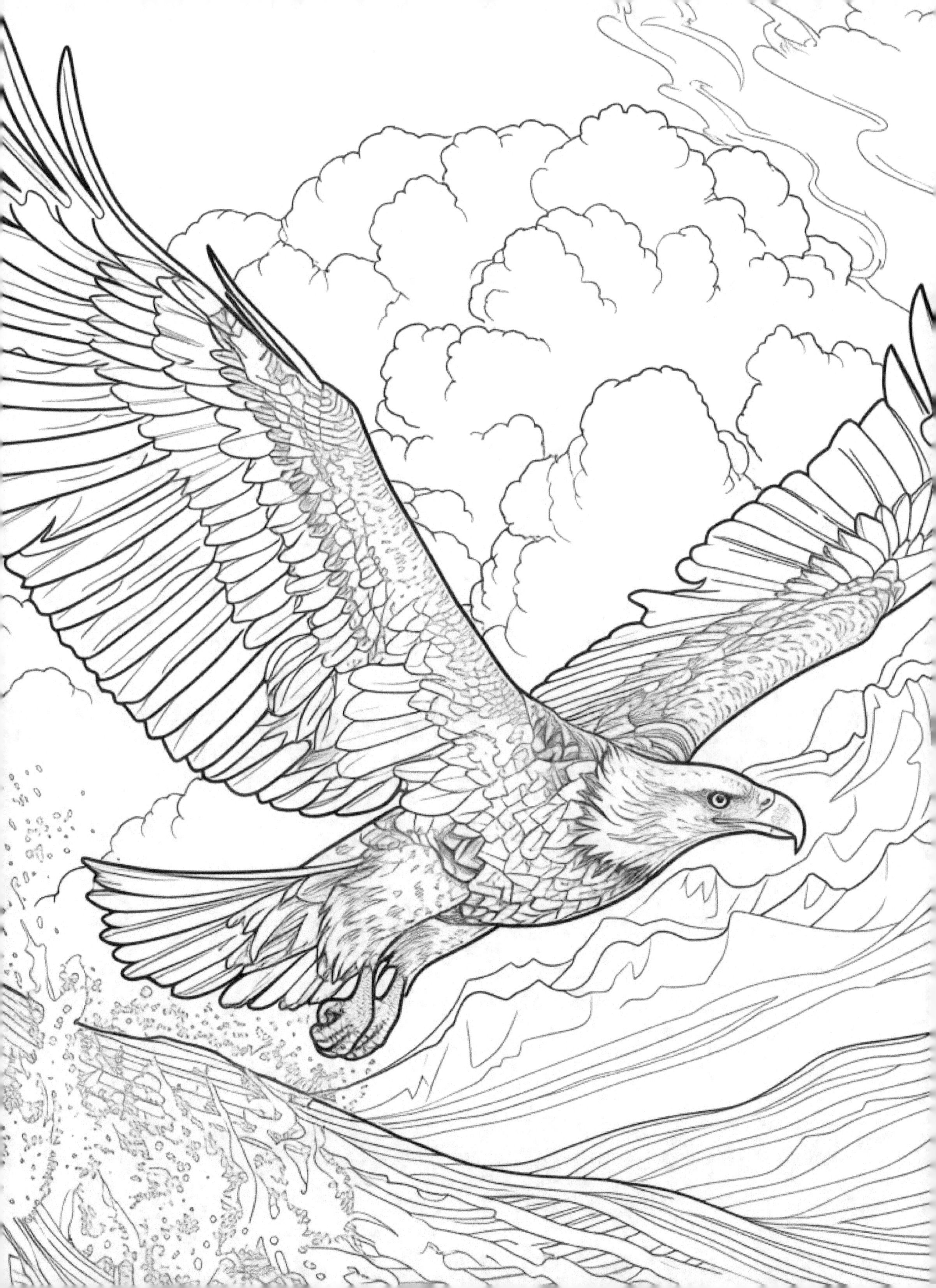

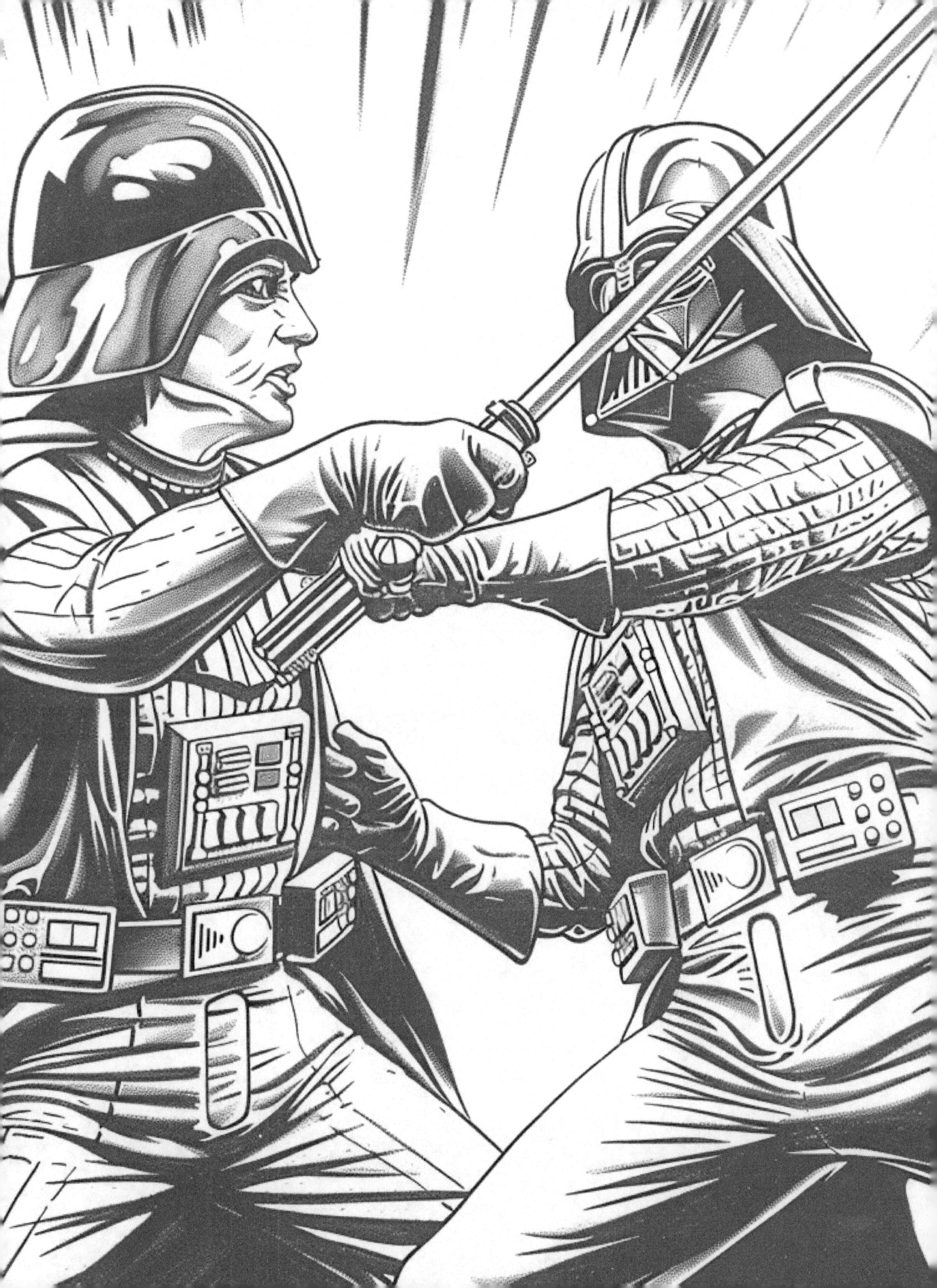

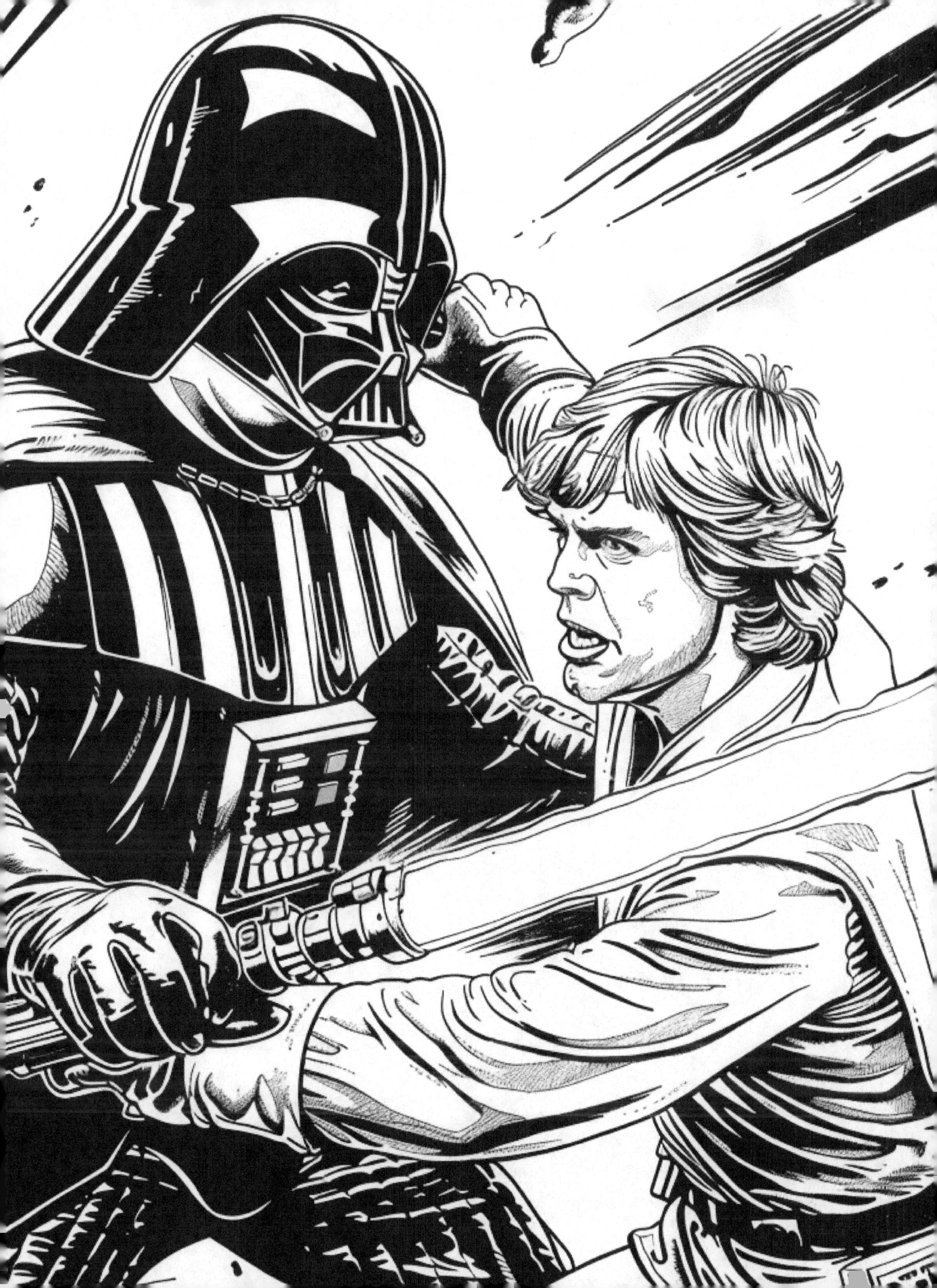

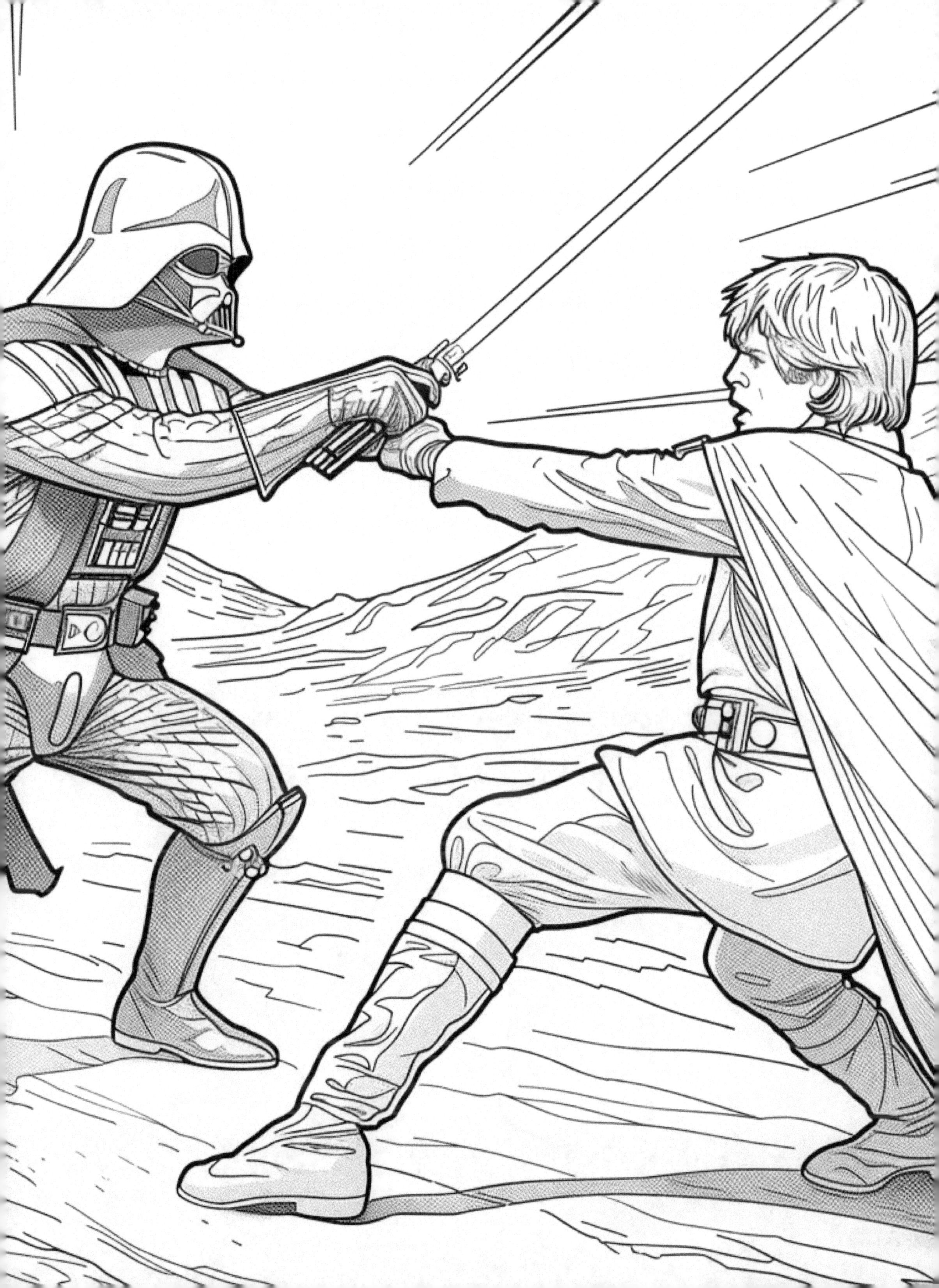

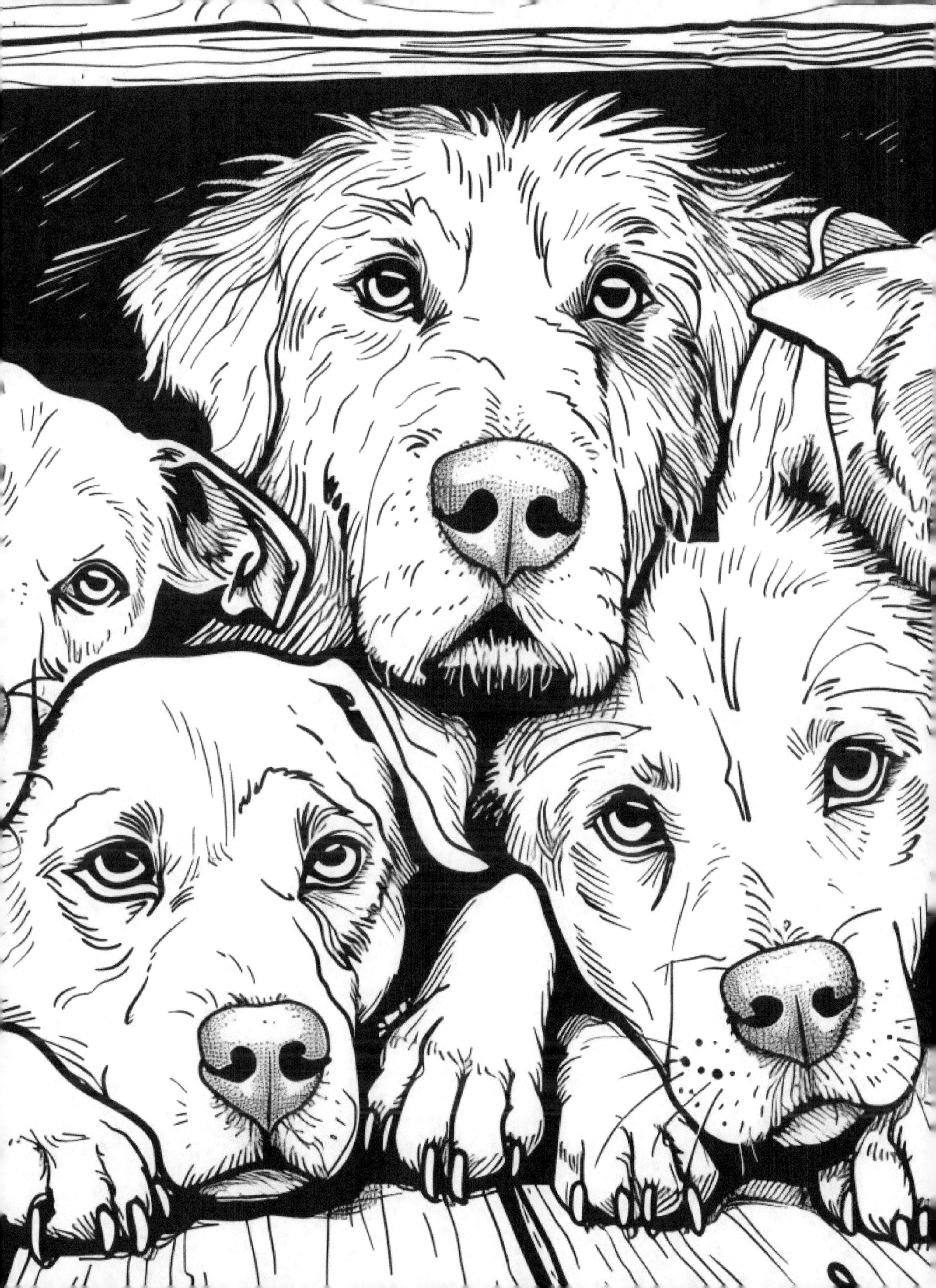

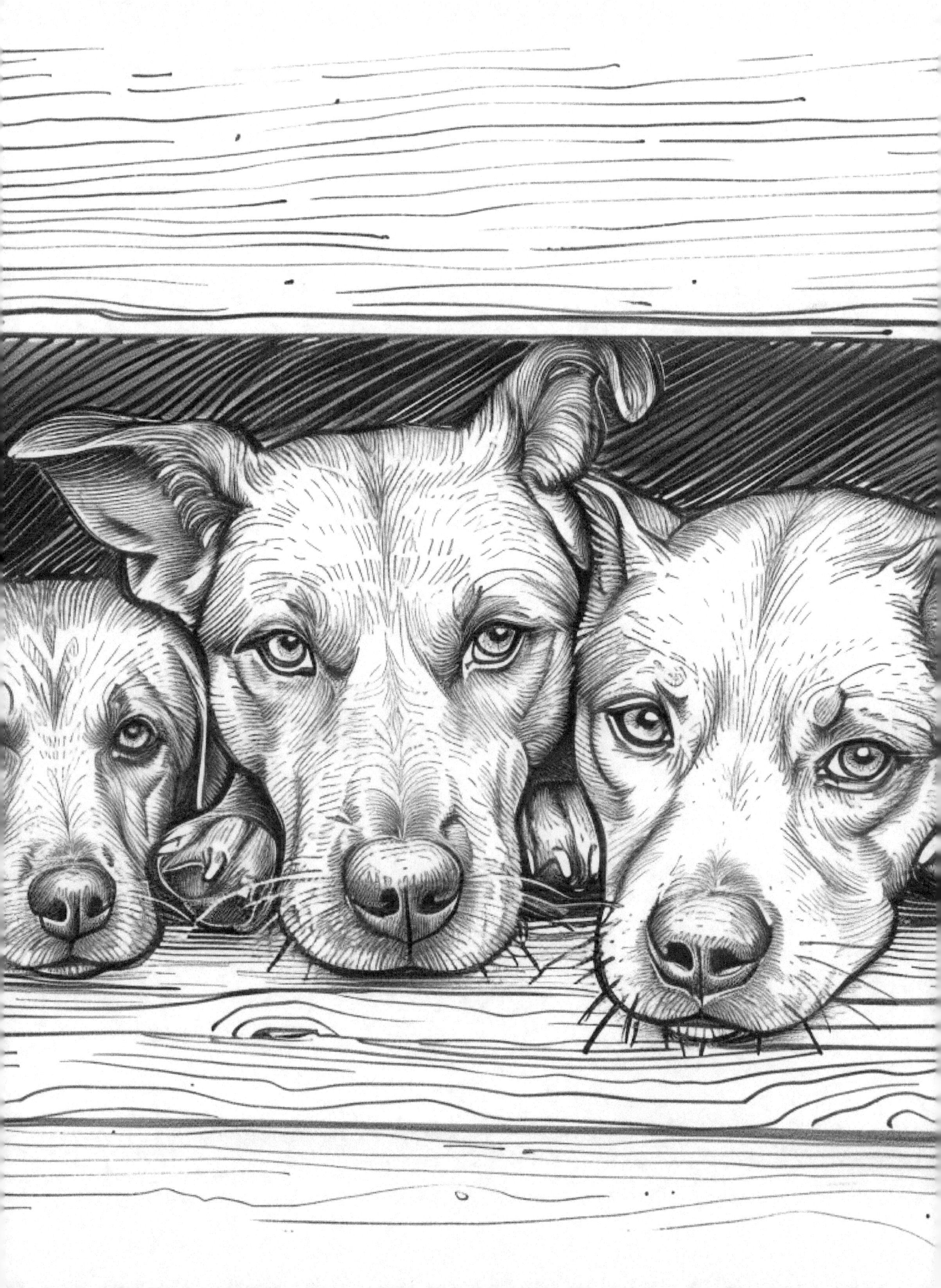

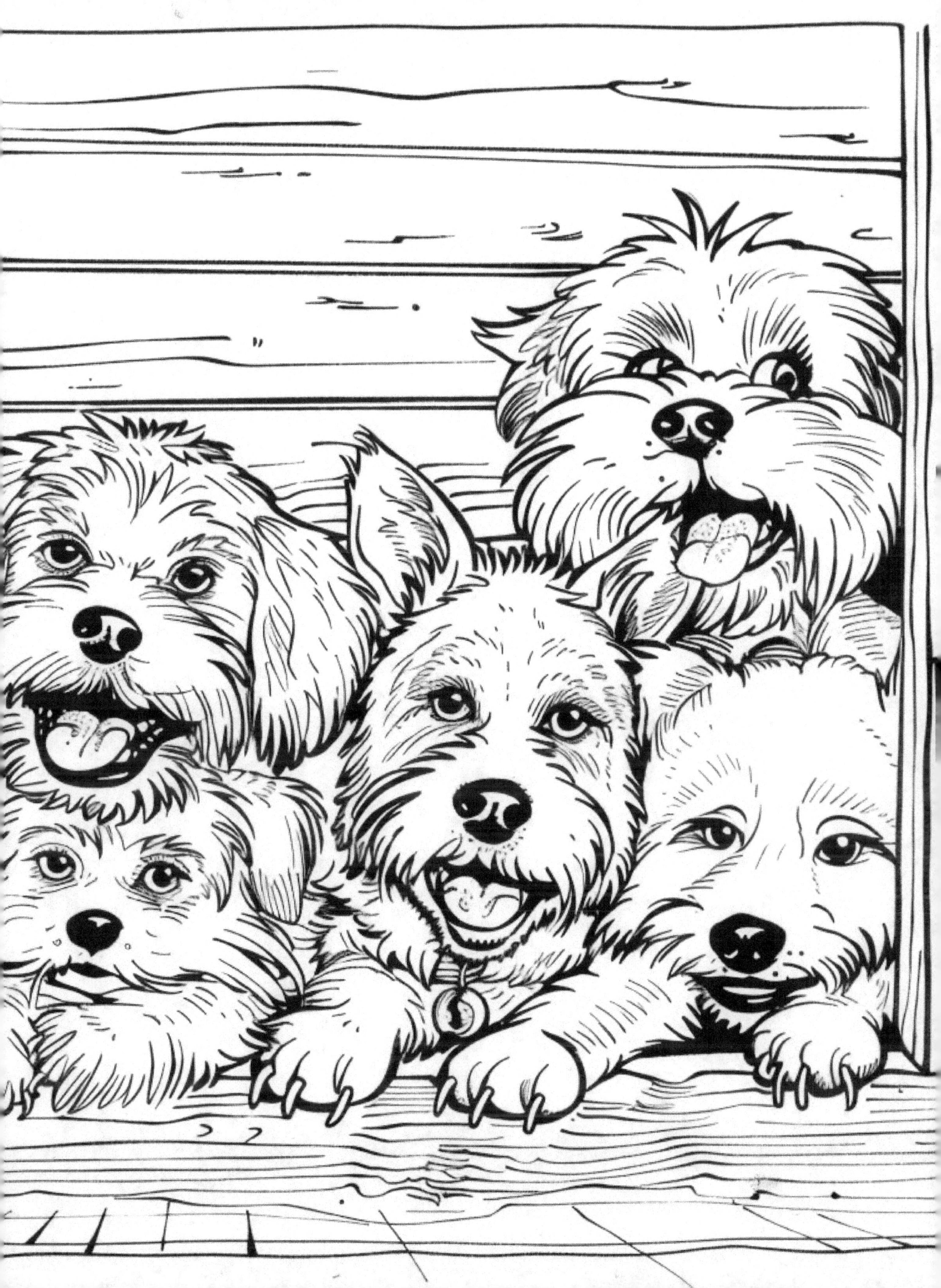

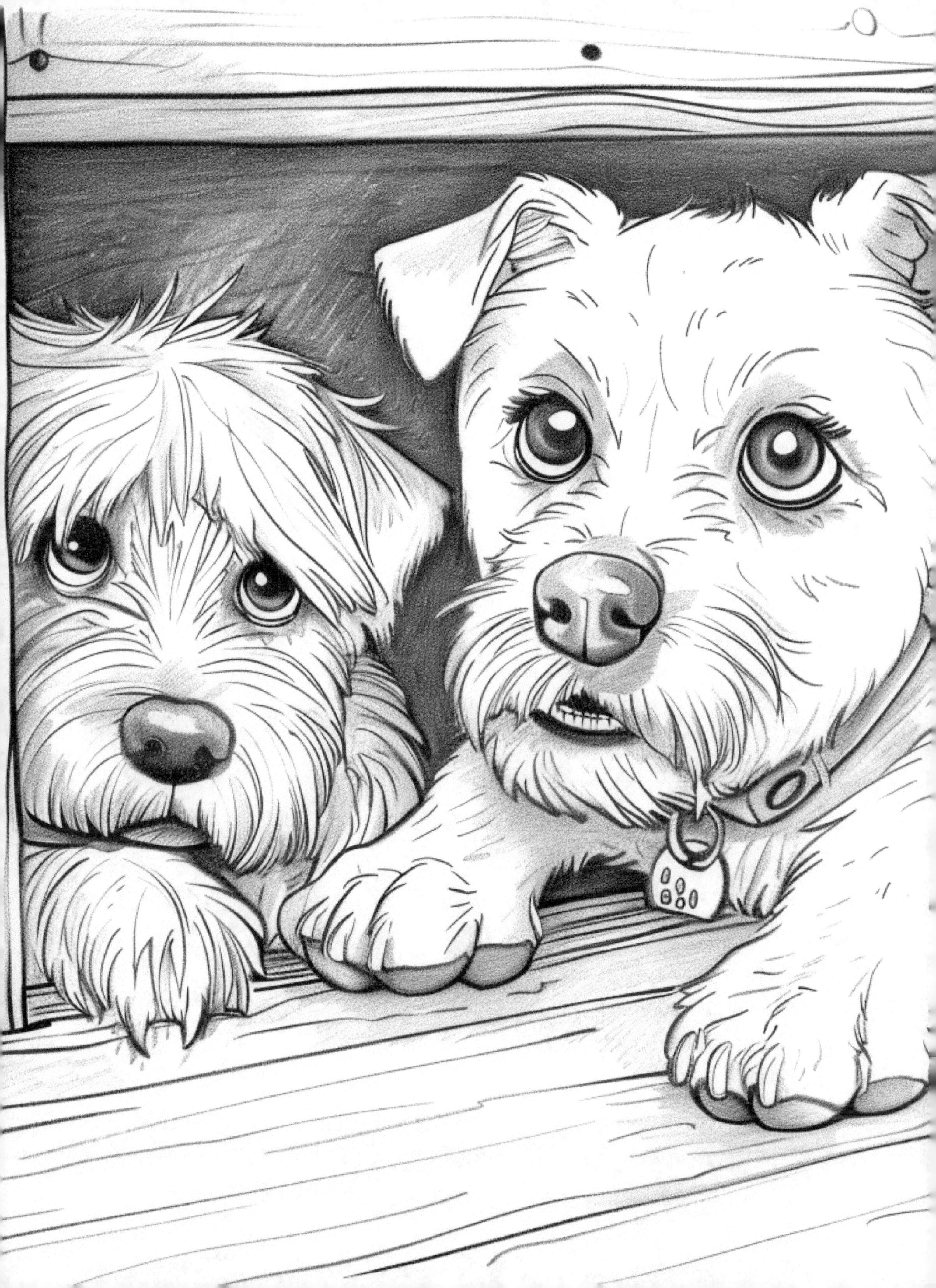

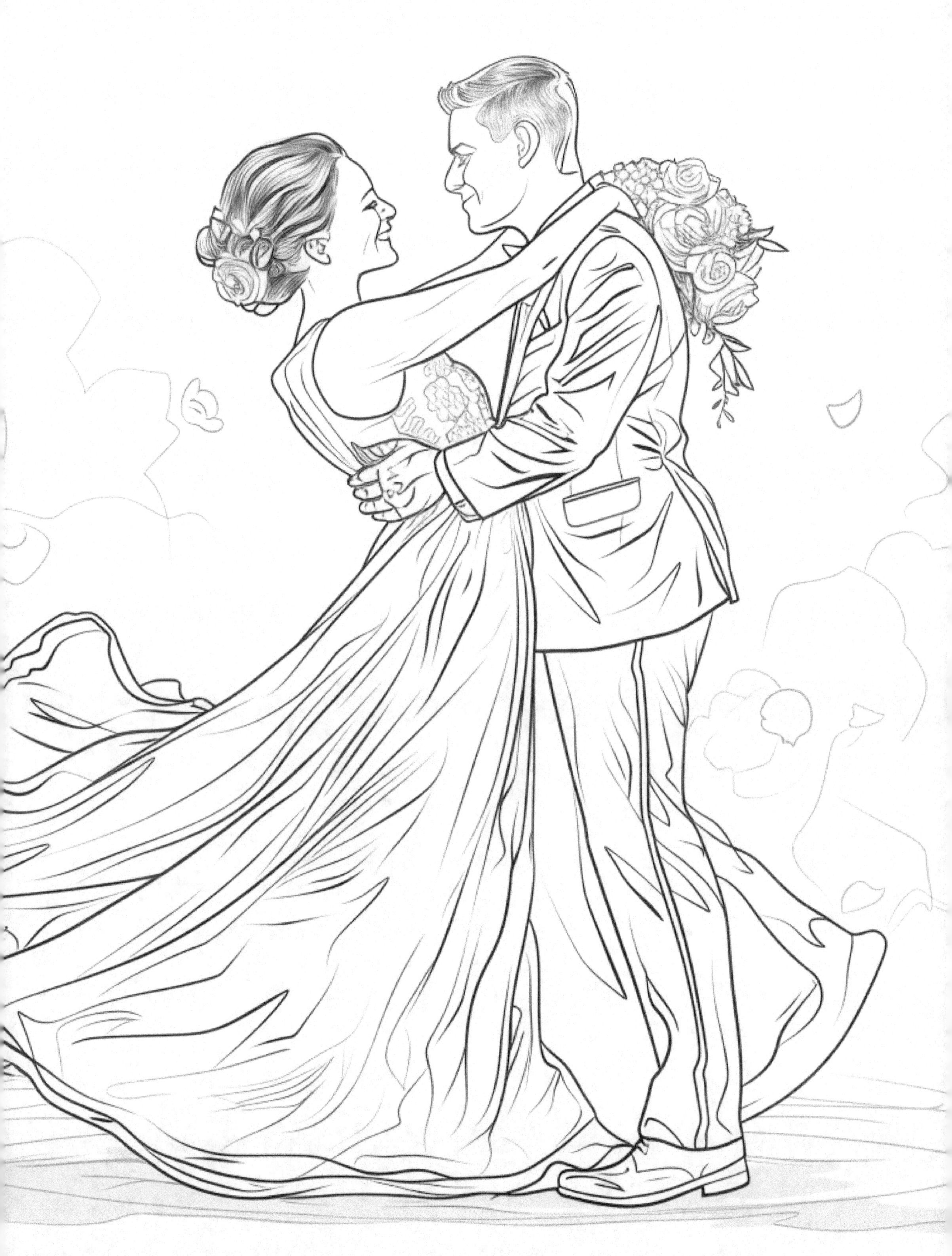

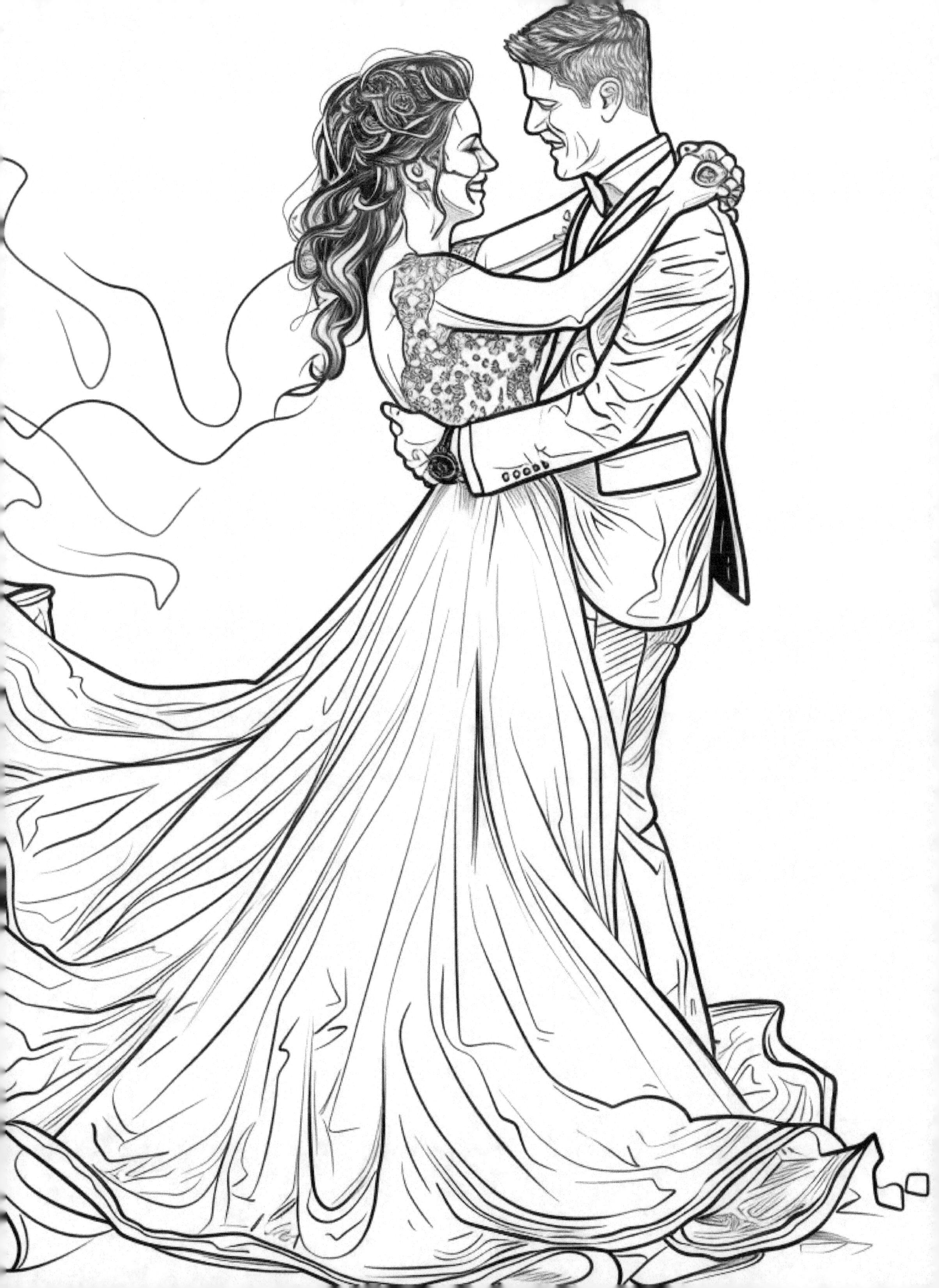

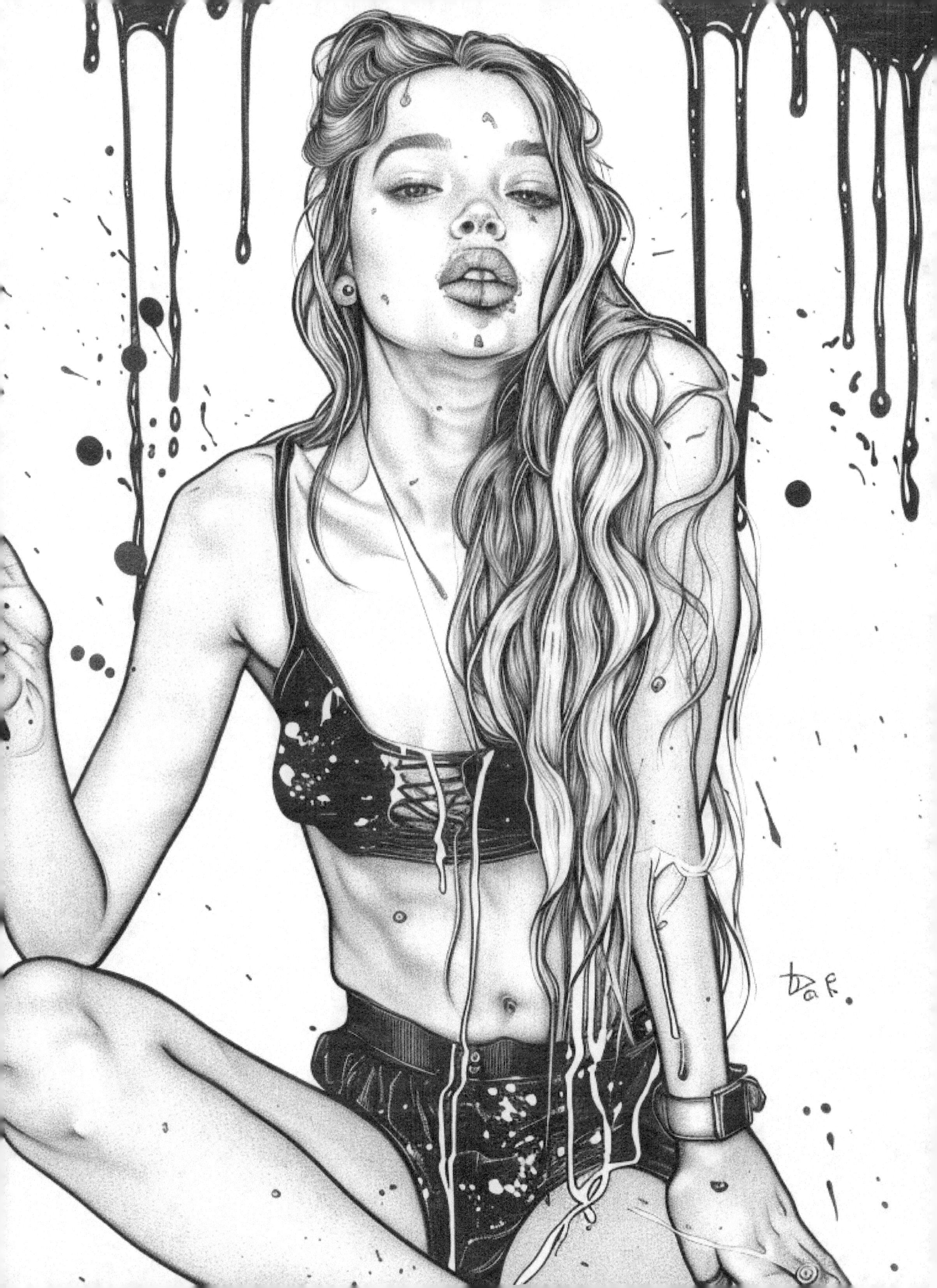

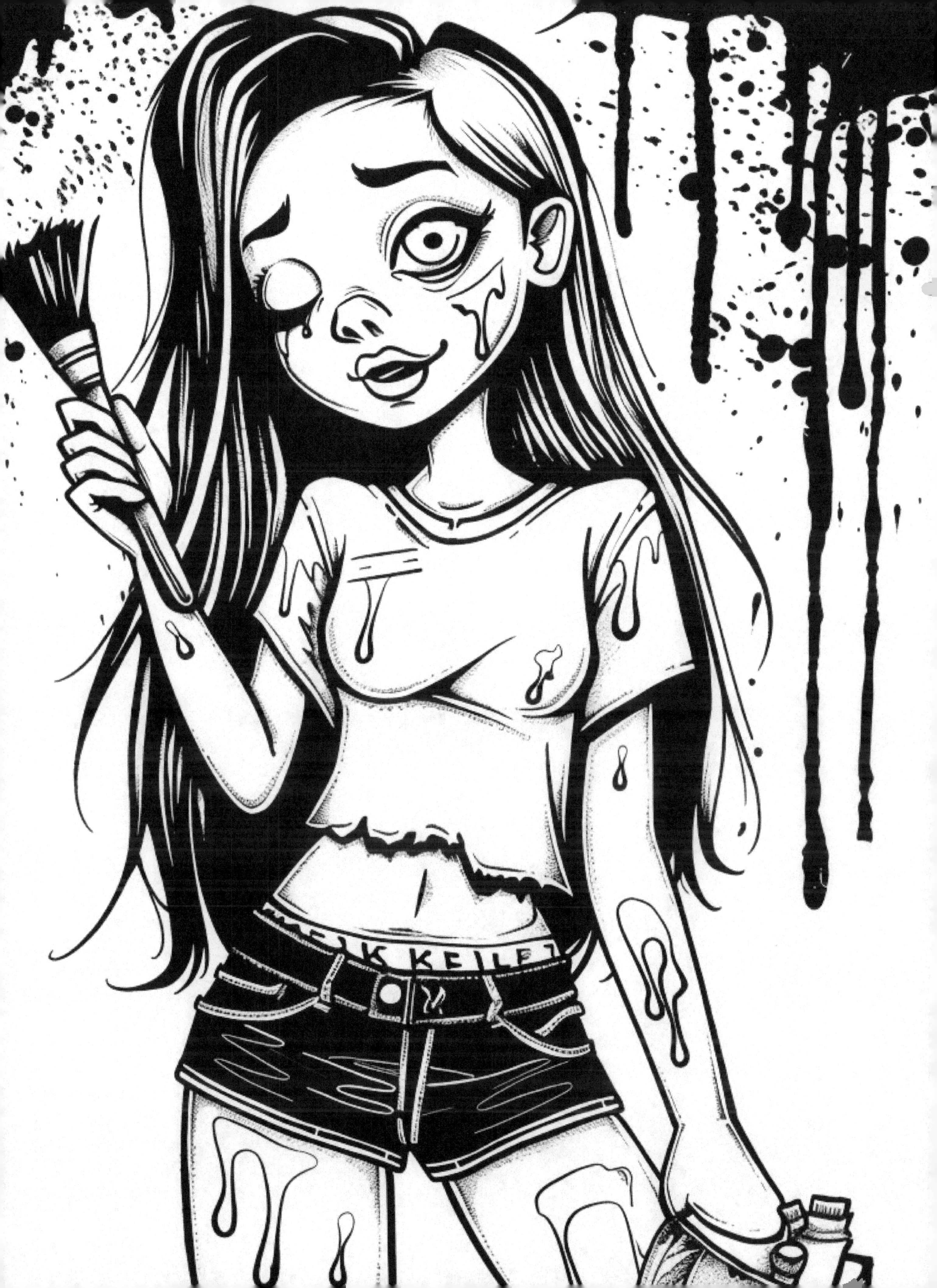

KEILE

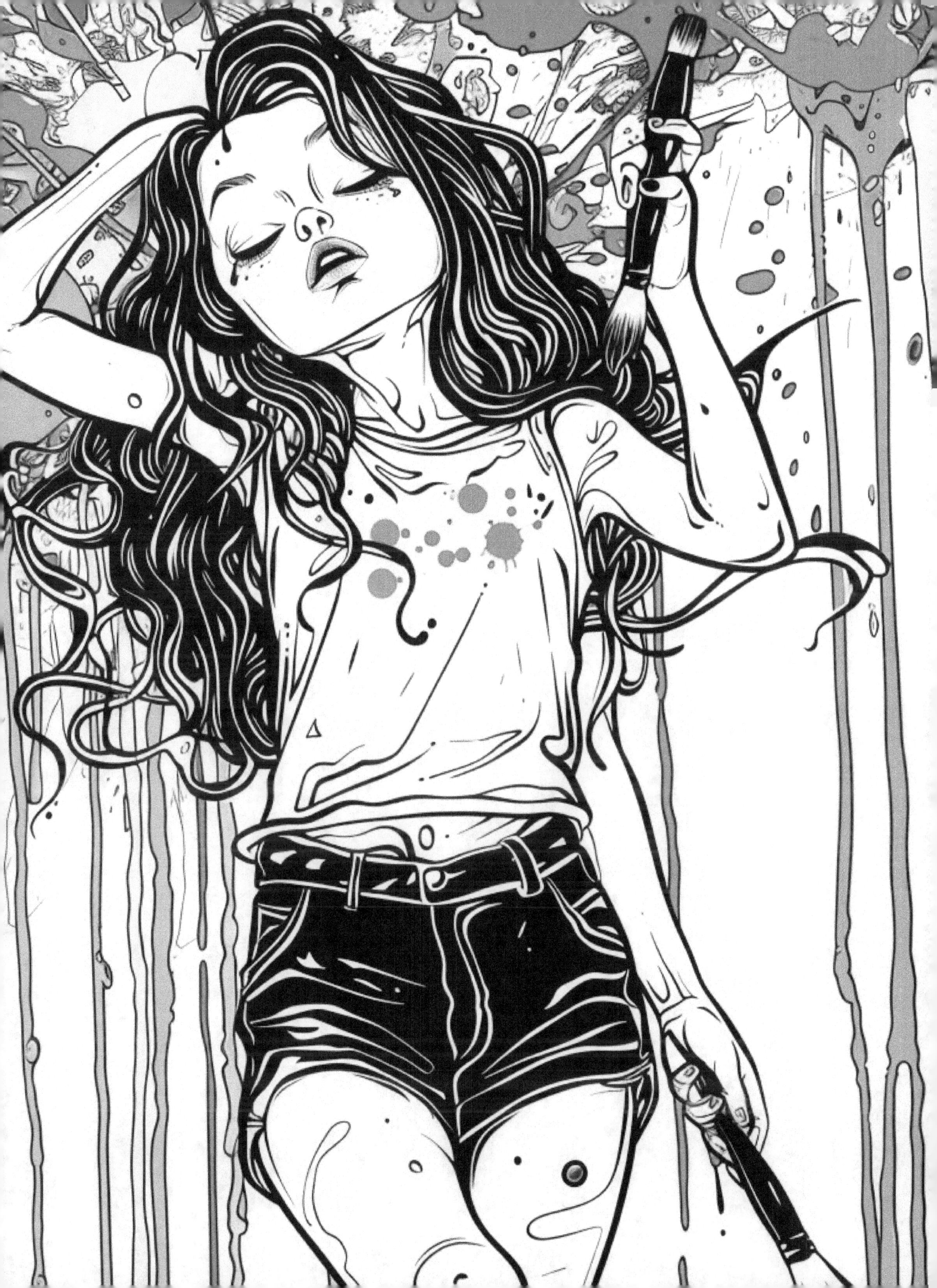

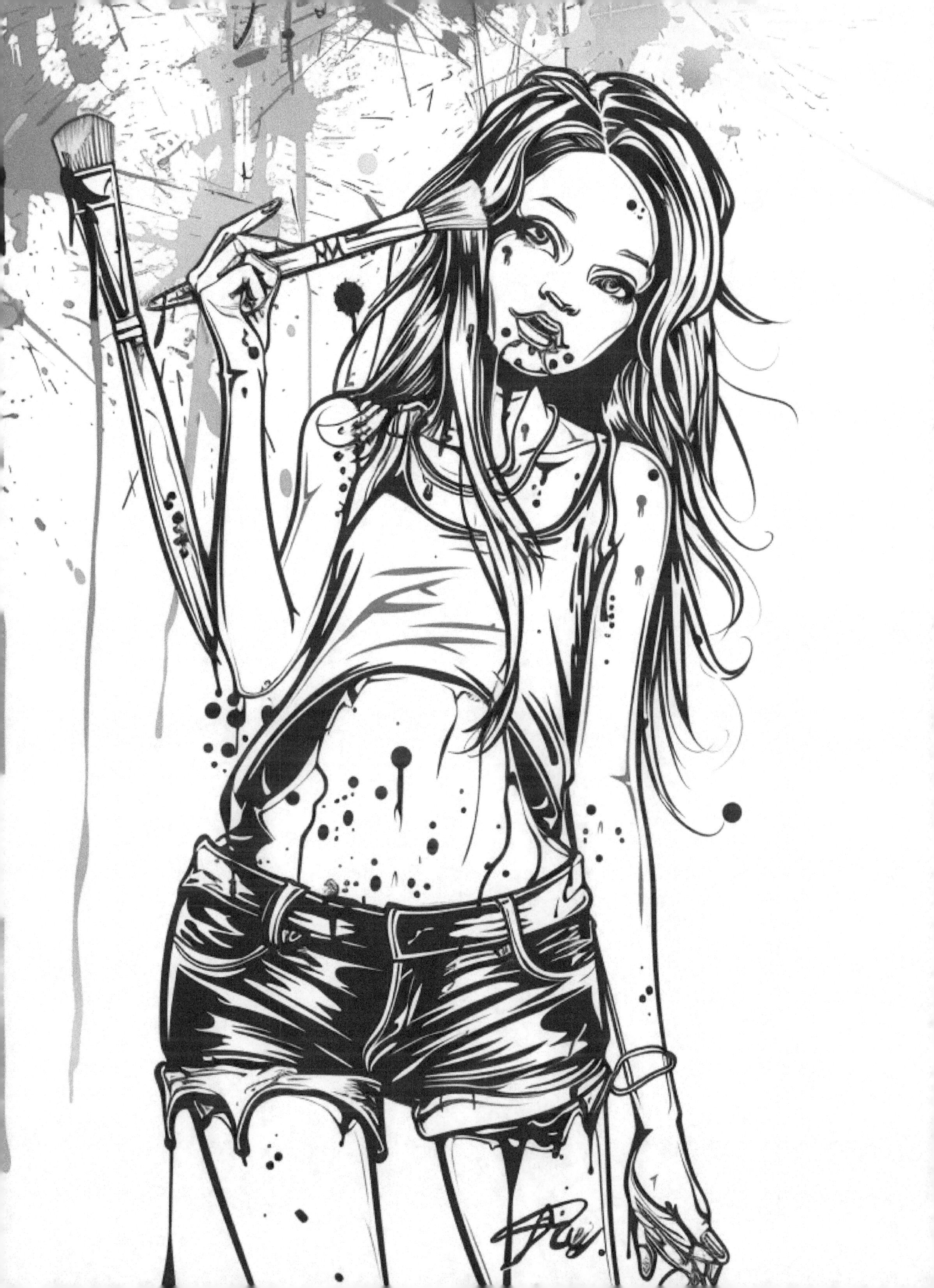

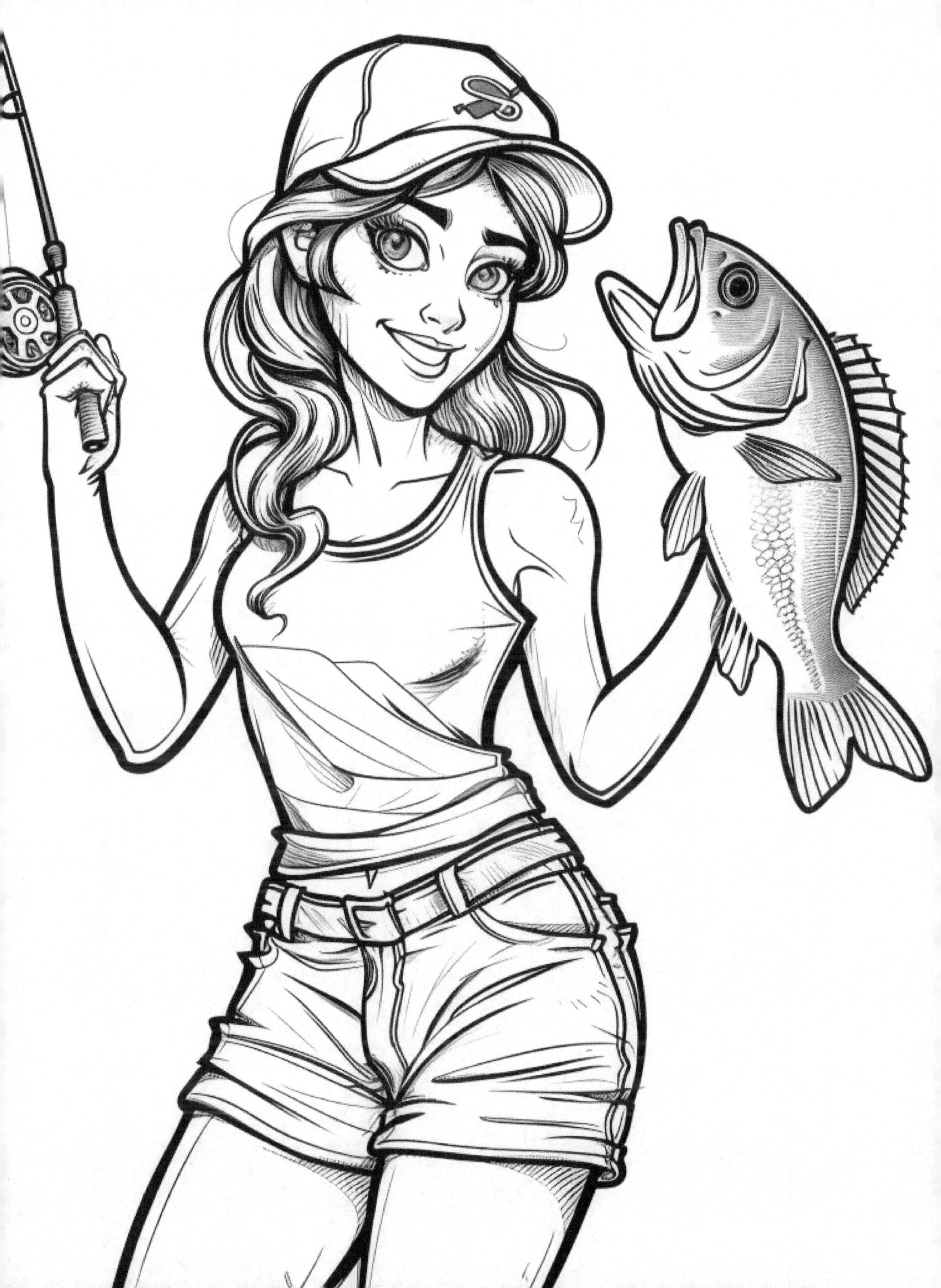

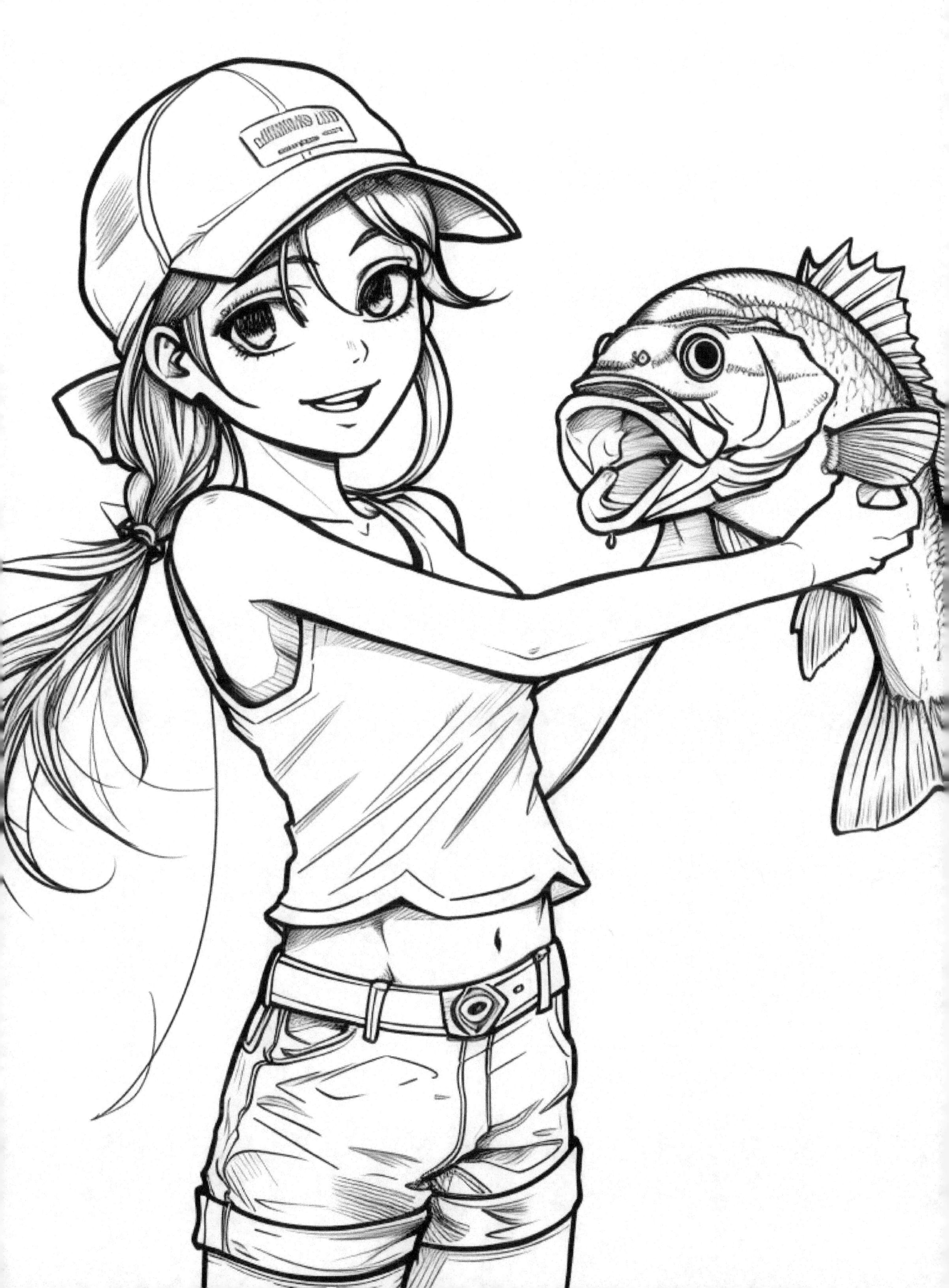

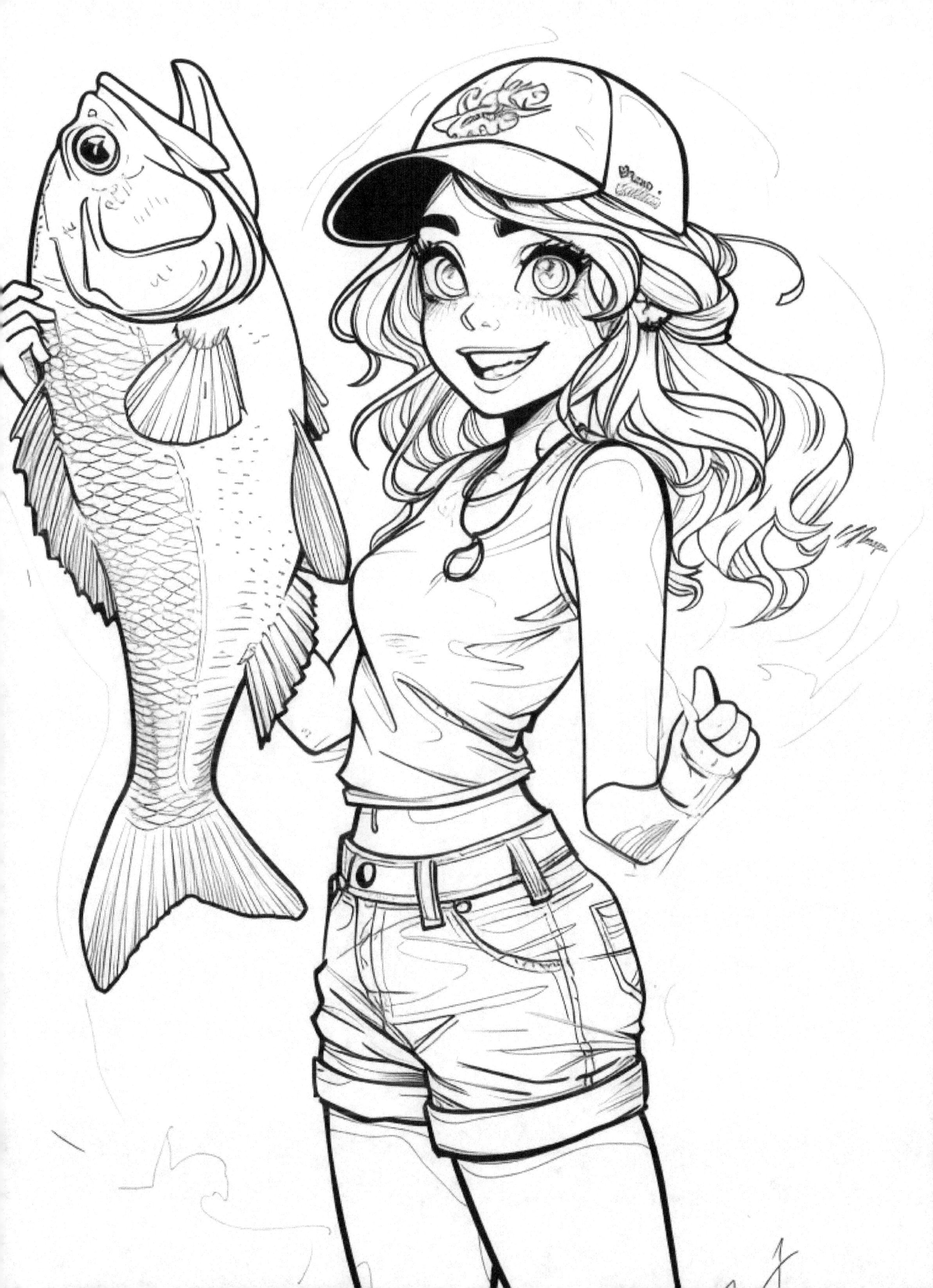

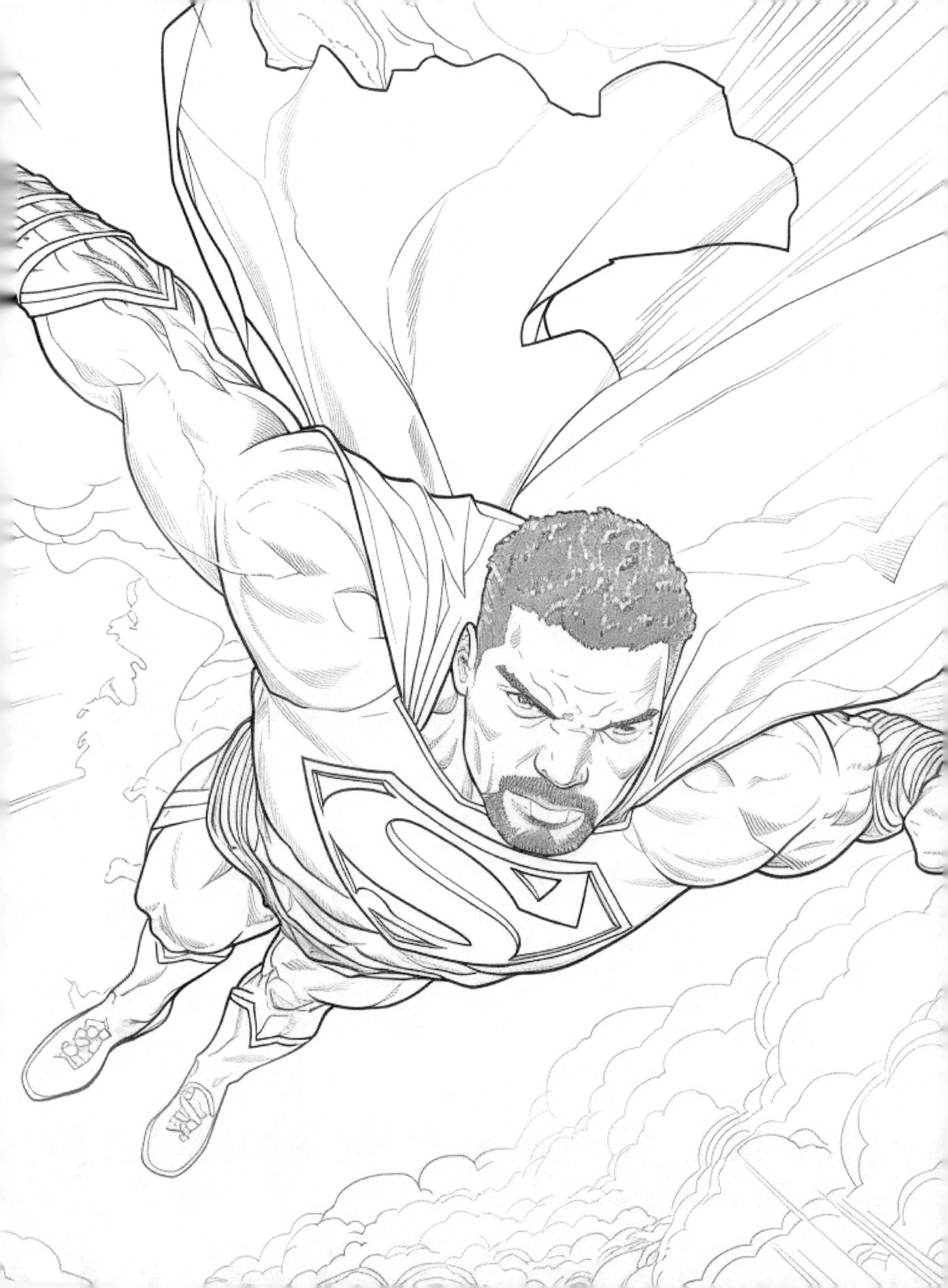

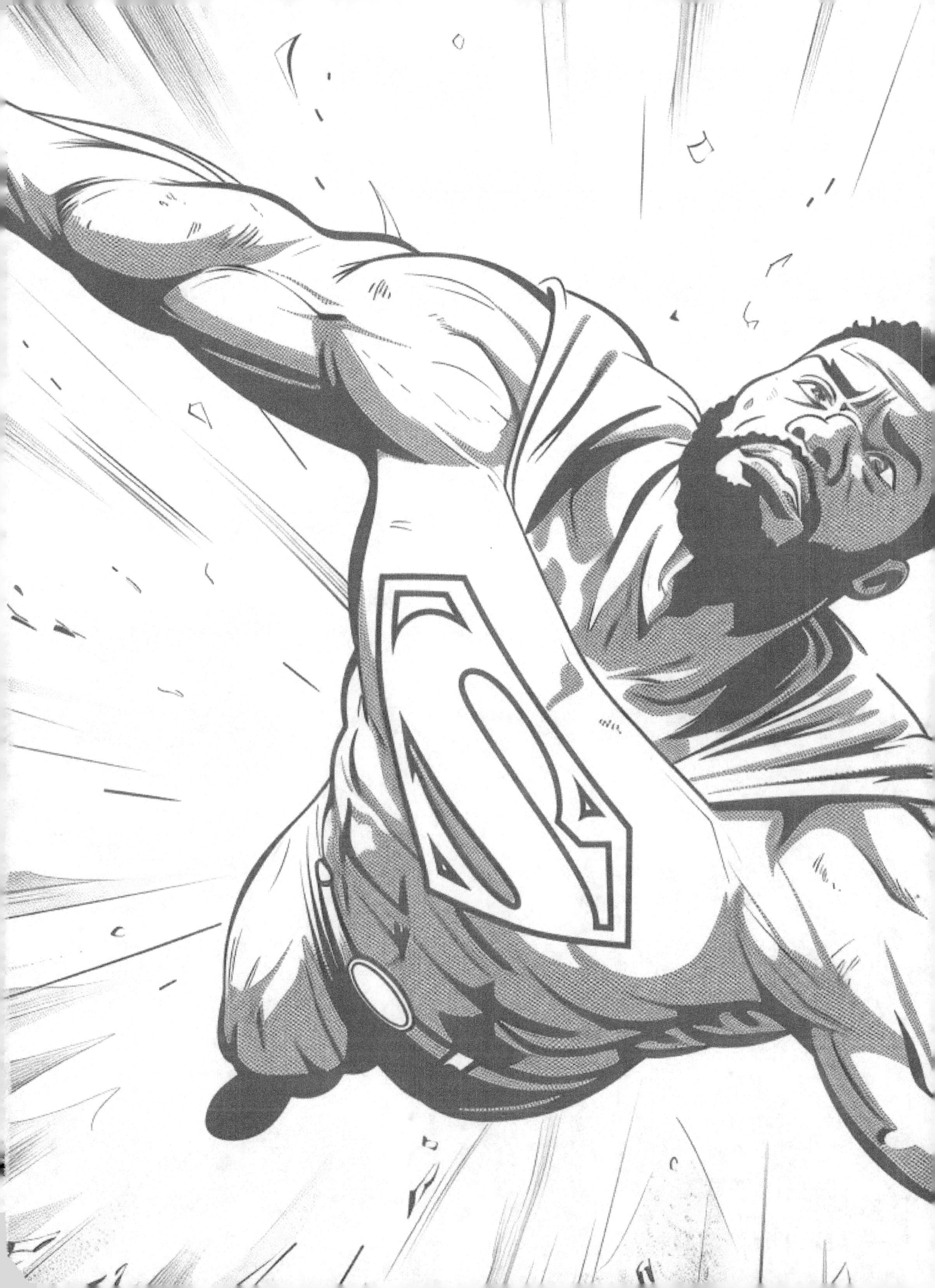